Le parole e la psicologia

Le origini del pensiero

BENEDETTO TANGOCCI

INDICE

Cercando le parole, si trovano i pensieri.

(ce n'est qu'en cherchant les mots qu'on trouve la pensée.)

Joseph Joubert

INTRODUZIONE

Le parole sono i mattoni per pensare. Con esse traduciamo immagini, emozioni, sentimenti e desideri in un pensiero strutturato e comunicabile. Talvolta però le si sceglie senza piena consapevolezza del loro significato, delle associazioni che producono in noi e in chi ci ascolta. Alcune parole delimitano la percezione del possibile, altre lo espandono. Il loro uso inconsapevole può alterare o confondere la nostra concezione di realtà

Pensando dovremmo soppesare le parole. Difatti il termine pensiero deriva dal latino *pensum*, da *pendere*, "pesare", che indicava la quantità di lana assegnata alle filatrici per essere lavorata, dopo essere stata pesata. Mentre parola deriva dal latino *parabola*, similitudine. In italiano parabola significa "racconto che attraverso comparazioni e allegorie esprime un insegnamento morale". Il che ci suggerisce – come di fatto è – che dietro a ogni parola ci sia un mondo di associazioni e di rimandi che contribuiscono a costituirne il significato. Il latino *parabola* deriva a sua volta dal greco παραβάλλω (*paraballo*), propriamente "gettare accanto". In geometria, se "si getta" una superficie a intersecare un cono, si ottiene una parabola. Dal percorso effettuato da un corpo che segue una traiettoria parabolica deriva l'accezione figurata di "andamento di un fenomeno o di un evento che, raggiunto il culmine della sua fase ascendente, inizia a decadere". Un po' come accade alla vita che, raggiunto e superato il massimo splendore della maturità, non può che intraprendere una lenta decadenza. Giocando un po' con la fantasia, la parabola, nella sua accezione di percorso, si congiunge con quella di insegnamento morale che ogni racconto di vita può e dovrebbe offrire. Per esprimerlo disponiamo delle parole. Sempre meglio "spendere delle buone parole".

Lo so, dopo una partenza rigorosa, ho dato libero spazio alla fantasia. Mi perdonino i puristi. Il fatto è che ogni parola oltre ad avere radici ha anche assonanze con sue parenti più o meno strette. Legami che, pur non trovando spazio nei dizionari, ne trovano eccome tra le associazioni evocate nel nostro immaginario.

"*De la musique avant toute chose*" poetava Verlaine. Vedremo più avanti che la poesia è tutt'altro che una perdita di tempo. Quanto al tradurne i versi in altra lingua, pensate all'italiano "la musica prima di tutto" e capirete al volo perché la musicalità è così importante. L'assonanza può anche condurci in quella che a me piace chiamare una fanta-etimologia. Un pedigree privo di nobili natali che, nondimeno, può talvolta offrire delle preziose intuizioni. Un'etimologia tanto falsa quanto diffusa è quella che vorrebbe il termine amore derivato dal latino *a-* (privativa) e *mors*, ovvero "senza morte". Non è così, no, non è quella l'origine del termine. Ma una volta intravista l'assonanza non ci si arricchisce forse dell'associazione con tale pensiero? Vedremo comunque più avanti i significati della parola amore.

Non sono un linguista. Di più, non ho neppure fatto studi classici. Pertanto non so né il greco, né il latino. Per gli etimi e i significati delle parole mi affido ai vocabolari e ai dizionari che ho in casa. Quando gli etimi sono incerti e coesistono più ipotesi nella scelta mi lascio guidare dalla mia intuizione. Non dispongo degli strumenti per discernere quale ipotesi sia la più rigorosa, né comunque sarebbe il mio scopo. Preferisco riflettere sulle conseguenze per la nostra psiche dei significati che, consapevolmente o meno, associamo alle parole. Per evitare di appesantire la lettura non cito per ogni lemma la fonte dalla quale ho tratto etimo e significato. Qui mi propongo di offrire al lettore uno scritto facile e scorrevole. Sappiate però che gli etimi e i significati riportati non sono farina del mio sacco ma frutto del duro lavoro di seri linguisti da me condannati a rimanere anonimi. A me invece va la piena responsabilità delle associazioni, delle fantasie e dei voli pindarici.

SIGNORI E SIGNORE, BENVENUTI

Un tempo questa era la formula comune per accogliere gli invitati a un evento. Poi i signori e le signore sono divenuti sempre più rari, quantomeno nella nostra lingua. Ma non solo. A mio avviso tra le due scomparse sussiste un collegamento, poiché col linguaggio creiamo anche la nostra percezione della realtà, e in tal modo quella che per noi di fatto è la realtà.

Oggi è normale sentire trentenni, o anche più, lamentarsi perché un adolescente incontrato per caso si è rivolto a loro dandogli del signore. Eppure signore è appellativo di riguardo. Se in maiuscolo lo si utilizza per riferirsi a Dio. Un tempo poteva essere sinonimo di re. Il signore era colui che esercitava il dominio, la signoria, su un determinato territorio. Il termine evoca il potere, quantomeno quello che ci si aspetterebbe un essere umano adulto abbia raggiunto. Ma è un termine desueto. Sempre più comune è riferirsi agli altri, e a se stessi, come ragazzi. Perfino alle soglie della vecchiaia. Così che ragazzi lo si diventa quando si smette di definirci bambini e lo si rimane quasi per sempre. Non ci sono più gli adulti, cioè coloro che hanno raggiunto il loro completo sviluppo fisico e psichico. Dal latino *adultus*, participio passato di *adolescĕre*, "crescere". Come se dalla parabola della vita fosse stato sottratto il su apogeo, lasciando una curva monca che, interrotta la crescita all'adolescenza, si appiattisse finché sopraggiunge il declino della vecchiaia.

Il termine ragazzo sembra avere due possibili derivazioni etimologiche. Una dall'arabo magrebino *raqqās*, che significa "portalettere" e in senso lato "fattorino, garzone". L'altra dal greco antico ῥάκος (*rákos*), cioè "cencio, straccio", da cui la metonimia che indica il giovane servo. In entrambi i casi è interessante notare che la parola, prima di indicare la giovane età, esprimeva la condizione servile di chi svolge umili compiti e la miseria cui era obbligato dalla sua condizione di povertà. Il termine neutro per definire chi ancora vive in quella condizione di eterna giovinezza, cui molti anelano, sarebbe semmai giovane, diretto derivato del latino *iŭvĕnis*.

Partendo dall'inizio, infante, da *in-* (con valore negativo) e *fari*, "parlare", è letteralmente colui che ancora non parla. Da fante, aferesi (cioè perdita della parte iniziale) di infante, derivano fanciullo e fanciullezza. Nel gergo militare fante è invece il soldato a piedi, che certamente parla, ma che di fronte agli ordini di un superiore tace e obbedisce. Un tempo ci si aspettava che così facessero anche i bambini ma oggi è invece comune che siano i bambini a lasciare senza parole i genitori, in virtù di una pedagogia, dal greco παιδαγωγία (*paidagogía*), composto di παιδος (*paidos*), "bambino", e αγω (*ago*), "condurre", che ha in gran parte rinunciato al suo ruolo di guida.

Comunque sia il bambino inizia a parlare e difatti il termine sembra avere origine onomatopeica, dai primi suoni labiali che impara a emettere, la B, la P e la M. Adolescente è il participio presente dello stesso verbo da cui deriva adulto: sta crescendo, ma non è ancora maturo, dal latino *matūru*. Nel linguaggio scolastico maturo si dice il candidato che ha superato l'esame di maturità. Difficile oggi pensare che il giovine in questione sia anche maturo, nell'accezione di pronto alla vita adulta. Se il termine lo si applica a frutta, a ortaggi o al vino, significa che col trascorrere del tempo gli alimenti hanno raggiunto forma, sapore e consistenza desiderati. Sono pronti. Una riflessione matura è ben ponderata. L'atteggiamento maturo si contrappone all'immaturità di chi, non avendo imparato a fronteggiare le frustrazioni della vita, si comporta come un ragazzino. L'età matura si pone a metà strada tra quella della giovinezza e quella senile.

Senile, da *senex*, e vecchio, da *vetus*, non nascondono sorprese. Anziano, da *antiānu*, derivato di *ante*, "avanti, prima", è colui che è venuto prima al mondo. Un tempo si diceva che par tale motivo doveva saperne più di noi su come funzionano le cose e agli anziani del villaggio era delegato il prendere le decisioni più essenziali per la sopravvivenza del gruppo. Oggi è invece comune ritenerli dei poveri rincitrulliti. Purtroppo non sempre a torto. Credo che dell'essere umano si possa dire, come per il vino, che col tempo quello di qualità e ben conservato esalta le sue migliori caratteristiche, mentre quello scadente, o mal conservato, è condannato a divenire aceto. Qualcosa del genere deve essere accaduto ad alcuni vecchi decisamente troppo acidi. Etichettando però in tal modo tutti gli anziani si rischia di precludersi proprio i vini migliori. Meglio sarebbe ascoltare e assaggiare prima di giudicare.

Non offendetevi quindi se mi rivolgo a voi come signori, adulti e persone mature. Non desidero ricordarvi il declino fisico che, inevitabilmente, finita la giovinezza preclude alla vecchiaia. Piuttosto vorrei spostare il vostro focus su quanto altrimenti viene perso in una vita che, come è desiderio dei bambini, sia votata al solo divertimento.

IL PAESE DEI BALOCCHI

Una delle industrie più floride è quella del divertimento. In una società opulenta, dove piuttosto che soffrire della mancanza di *panem* si abbisogna di diete per limitarne l'assunzione, la ricerca di *circenses* giunge facilmente a coprire l'intero tempo libero. I moderni "giochi del circo" non richiedono di spostarsi fisicamente per godere di spettacoli messi in scena in giorni e orari prestabiliti. Ogni giorno, a tutte le ore, direttamente a casa propria, sui nostri moderni dispositivi elettronici è disponibile un'ampissima scelta di giochi, spettacoli, e attività per il proprio divertimento.

Divertirsi è letteralmente volgersi altrove, così come distrarsi. Si tratta di distogliere l'attenzione. Ma se oggi è sempre più impellente distrarsi, la vera domanda diviene "da cosa si sente il bisogno di distogliere l'attenzione?". Stando ad uno dei dizionari etimologici che ho consultato, *distractus* sarebbe "in origine, colui che gli svaghi esterni distolgono dalla concentrazione in se stesso e in Dio", distratto da Dio. Da lì deriverebbe l'accezione negativa di quando si dice che qualcuno è distratto. Vediamo dunque a cosa condurrebbero gli svaghi esterni. Svagare, dal latino *exvăgāre*, composto di *ex-*, "via", e *vagāri*, "andar vagando", rende vaghi, ovvero erranti, che vagano incerti. Chi è vago, per via della sua mancanza di determinazione, è confuso, incerto, debole, ambiguo, esitante, disorientato. Questo sembrerebbe il prezzo da pagare se gli svaghi perdono il loro ruolo di momentaneo distacco mentale dalle preoccupazioni per diventare una ragione di vita.

Non vorrei però sembrarvi troppo rispettoso di vecchi moniti religiosi. Tanto più che io credente non sono. Cerchiamo quindi una risposta più laica e psicologica alla domanda posta. Forse il suffisso "si", quando segue verbi come divertire o distrarre, oltre ad informarci che il soggetto compie un'azione su se stesso, svolge anche la funzione di complemento di moto da luogo. L'individuo trae, o volge, via se stesso da se medesimo. Per non guardarsi dentro, non conoscersi, non accettarsi, non imparare a convivere e a gestire le frustrazioni, si preferisce cercare altrove, divertirsi, distrarsi, svagarsi. Col rischio di perdere la strada per il ritorno, se ci si assenta troppo a lungo. Da errare deriva il termine errore e sarebbe un errore non impegnarsi a conoscersi meglio.

In campo psicologico comprendere se stessi è imprescindibile a un vero lavoro su di sé. Se si fantastica su come si vorrebbe essere, senza conoscersi veramente, i nostri desideri saranno condannati a rimanere irrealizzati. Meglio sarebbe non distrarsi troppo. Altrimenti il vostro terapeuta avrà un bel da fare per tentare di riportarvi a voi stessi.

Ma come, direte, non si consiglia spesso di provare a distrarsi dalle preoccupazioni? Sì, certo, è vero. Ma resta una questione di giusta via di mezzo. La nostra mente, per parsimonia di risorse cognitive, diventa facilmente dicotomica. Però la realtà non è praticamente mai suddivisibile in sole due parti e meno che mai lo è la realtà psichica. Sapendolo si impara la lezione, si osservano le sfumature e si comprende che esagerare in uno dei due estremi è quasi sempre fallace.

La condizione ottimale è sovente quella di equilibrio, dal latino *aequilibrium*, composto di *aequus*, "uguale", e *libra*, "bilancia", quindi "di ugual peso". Meglio ancora se c'è armonia, dal greco ἁρμονία (*harmonìa*), con i significati di "giusta proporzione, accordo, unione". In sua assenza c'è divisione. Se la la mancata unione si verifica tra parti di sé, si può parlare di scissione, uno dei meccanismi di difesa dell'io più primitivi e immaturi. Non vorrei però andare troppo sul tecnico.

Restando in tema di armonia, meglio concentrarsi sul suo significato musicale e definirla come "concordanza tra elementi diversi che provoca piacere e, in senso più specifico, concordanza di suoni o assonanza di voci".

Nella mitologia greca Armonia è la dea della concordia, figlia di Ares, dio della guerra, e di Afrodite, dea della bellezza e dell'amore. Nel punto di incontro tra i due estremi nasce l'armonia. Accordo, da accordare, viene da *cŏr*, "cuore", in latino. Anche concordare viene da *cŏr*, col prefisso *con-*, "assieme". Diversamente c'è discordia, o dissonanza, non si suona bene insieme, qualcuno sta esagerando. Nelle relazioni con gli altri ne derivano un bel po' di problemi. Peggio ancora se non si risuona bene con se stessi perché distinte parti di sé non si conoscono e quindi si fraintendono.

Adesso però non vorrei avervi spaventato. Ricordate, con moderazione tutto va bene, sono gli eccessi che trasformano un rimedio in un veleno. Perciò divertitevi, distratevi, svagatevi pure. Ma con moderazione. Ogni tanto, senza esagerare. Nel leggere questo libro però cercate di stare attenti.

UOMO, ACCETTA TE STESSO

Gli scritti storici riportano che la massima γνῶθι σεαυτόν (*gnōthi seautón*), "uomo, conosci te stesso", fosse incisa sul frontone del tempio di Apollo a Delfi. Gli studiosi ci avvertono che il suo significato avesse in origine funzione di monito all'uomo che si recava al tempio per parlare con gli dei. Uomo, ricordati che tu sei diverso da coloro che ti accingi a interpellare e quindi "stai al tuo posto".

Poi Platone ci racconta che Socrate fece suo il motto e, nel dialogo *Alcibiade I°*, gli fa dire che la cura di se stessi inizia dalla conoscenza di sé, che consente di comprendere di essere delle anime, e che i corpi sono i nostri strumenti. La conoscenza di sé, e la scoperta del divino in sé, inizia a diventare mezzo di emancipazione dalla propria condizione iniziale. Più o meno nello stesso periodo, a migliaia di chilometri di distanza, Lao Tzu afferma che "*Chi conosce gli altri è sapiente, chi conosce sé stesso è illuminato*".

Insomma, come stanno le cose, bisogna accettare i limiti o cercare di migliorarsi? La risposta giusta è entrambe le cose. Guardando meglio si scopre che la contraddizione è solo apparente.

Uno dei temi centrali nel processo terapeutico è l'accettazione. Accettazione di se stessi, degli altri, della situazione, della realtà. Chi non accetta la realtà può forse rifugiarsi in un mondo fatto di sue personali fantasticherie ma di certo non può cambiarla. Per sfuggire alle ansie nevrotiche il soggetto nega la realtà. Allontanandosi dal suo confine diviene borderline. Se perde del tutto il contatto col piano di realtà, diventa psicotico. Più spesso però si limita a regredire ai livelli di funzionamento borderline o psicotico per il tempo in cui intervengono i meccanismi di difesa corrispondenti. Dopodiché ritorna più o meno in sé. Nel frattempo però, negando, occultando, fraintendendo, o comunque non prendendo atto della realtà, si è giocato ogni concreta possibilità di trasformarla.

Malgrado ciò la reazione comune dei pazienti all'idea di dover accettare la realtà è l'irritazione. Col tempo ho imparato che la colpa non è solo dei meccanismi di difesa psicologici ma anche di una scarsa conoscenza linguistica.

Il termine accettare non riserva sorprese etimologiche, quantomeno nei dizionari si legge unicamente che deriverebbe dal suo analogo latino *accĕptāre*. Tra i suoi sinonimi è elencato il verbo rassegnarsi, dal latino *resignāre*, derivato da *signum*, il sigillo che viene sciolto. Da qui credo che nasca la confusione. I sinonimi, si sa, non sono mai perfetti. Sposano una qualche sfumatura di accezione di una parola, rimanendo indifferenti alle altre. Così si genera quel tanto di vaghezza cui una mente, spaventata dalla realtà che non le piace, può aggrapparsi per tentare di giustificare la sua reticenza al cambiamento.

La differenza tra accettare e rassegnarsi la si vede però nelle locuzioni di uso dei due verbi. Infatti, nel linguaggio corrente, si rassegnano le armi, si rassegnano le dimissioni, ci si rassegna al volere della maggioranza. Mentre invece, si accetta un regalo, si accetta una carica, si accetta una critica, si accetta una donazione, si accetta un'eredità, si accetta un contratto, si accetta una sfida, si accetta un'amicizia. La rassegnazione è un punto di fine, con essa si rinuncia a lottare, o a tentare di migliorare qualcosa: basta, mi rassegno! Al suo opposto, l'accettazione è il capoverso col quale inizia un nuovo capitolo della propria vita.

Accettare la realtà, e se stessi, è rendersi conto di ciò che è, e di ciò che si è, con anche i propri limiti. Unica concreta opportunità di poterli superare, se possibile. Un limite è difatti reso invalicabile sia dalla resa costituita dalla rassegnazione, sia dalla sua negazione. Invece l'accettazione, constatato il dato di fatto che, quantomeno al momento, esiste un confine, non spreca energie negandolo, arrabbiandosi o lamentandosene. Ne rimangono di disponibili per provare a aggirare il limite, rimuoverlo o demolirlo. Ostinandosi a volerlo negare non resta invece che sbatterci contro.

Per non rischiare di incorrere in inutili frustrazioni meglio però comprendere quali limiti sono superabili e quali no. A fare di tutta l'erba un fascio si va poco lontano. Un'antica preghiera recita *"Signore ti prego, dammi la forza di cambiare ciò che può essere cambiato, la pazienza per sopportare ciò che non può essere cambiato, e soprattutto la saggezza per riconoscerlo"*.

Il verbo realizzare affianca al suo principale significato di "rendere reale", dal francese *réaliser*, l'accezione di "rendersi esattamente conto di", dall'inglese *to realize*. Ad indicarci che c'è un collegamento tra il rendersi conto della situazione e il rendere reali i propri sogni.

Chi si propone di cambiare se stesso incorre a volte nell'errore di credersi una sorta di lavagna cancellabile a piacimento per disegnarvi un nuovo sé più alla moda. Non è così semplice. Cancellare, propriamente è "chiudere con una grata", un cancello appunto, simile ai tratti di penna che si incrociano sullo scritto indesiderato. Le parole però non sono eliminate, rimosse, asportate, bensì solo occultate, sono sempre lì, coperte e illeggibili ma comunque presenti. Leggere è, dal latino *lĕgĕre*, "raccogliere". Se non si vuole che delle parole vengano trovate nel corso della raccolta, va bene cancellarle. Se invece si vuole che degli aspetti di noi non facciano più parte della nostra struttura a poco serve renderli illeggibili, continueranno comunque a far parte di noi e anzi, non visti, agiranno ancor più indisturbati.

Si potrebbe dedurne che gli aspetti di noi che non desideriamo andrebbero dunque rimossi, demoliti, asportati. Il che talvolta può anche essere, ma solo se si tratta di elementi riempitivi o decorativi. Se viceversa si prova a rimuovere una parte strutturale si espone tutto al rischio di crollo. Ciò vale per i pilastri degli edifici, per la colonna spinale del nostro corpo, e vale anche per le parti strutturali della propria psiche, sebbene chi è ingenuo, non vedendole, sia portato a credere che non esistano. Esiste invece sia una struttura generale della psiche umana che elementi su cui si basa la nostra personalità.

Un vecchio proverbio toscano afferma che "*le querce non fanno i limoni*". Il che, nella sua ovvietà, vuole ricordarci che non si debba aspettarselo e che ciò non può essere cambiato. Il seme contiene già in sé l'informazione di quale sia la struttura di una specie. Poi, entro tali limiti, ogni esemplare esprime infinite variazione che portano alla sua forma peculiare. Lo si può guidare, plasmare, potare, decorare, ma se facendolo non si rispetta la sua struttura l'organismo morirà. I suoi frutti potranno essere più o meno ricchi, belli e saporiti, ma una quercia non farà mai i limoni. Se un giorno la follia umana riuscisse a modificarla fino al punto di riuscire a farglieli fare, non sarà più una quercia. Sicuri di voler cambiare fino al punto di non essere più voi stessi? Il più delle volte è un tentativo che condanna all'infelicità. Meglio essere come delle querce consapevoli, felici di produrre delle buone ghiande.

MA NON HA SENSO

Noi esseri umani abbiamo bisogno di trovare un senso alla nostra esistenza. Alcune teorie nichiliste hanno provato ad asserire che non ci sarebbe alcun senso; ma con ciò hanno di fatto rinunciato alla riflessione, non ad affibbiare un loro personale senso alla vita. Il materialismo, negando l'esistenza di ogni dimensione non fisica, ricerca il senso nei piaceri tangibili, nel riprodursi, o nella notorietà. Si potrebbe obiettare che la fama non è di fatto un bene materiale e che in ciò risiede quindi un pensiero contorto che si contraddice. Ma non è questa la sede per farlo, lasciamo da parte la filosofia sui massimi sistemi e torniamo a occuparci di parole.

Il termine senso deriva dal latino *sēnsus*, participio passato di *sentire*, "percepire". Infatti chiamiamo sensi gli organi di percezione. A prescindere dell'esistenza o meno di un un sesto senso fisico, nel linguaggio esistono numerosi altri sensi: il senso morale, il senso della giustizia, il senso comune, il buonsenso. Il senso è anche il significato di una parola, di una frase o di un discorso, il suo contenuto al netto degli orpelli decorativi. A volte si incontrano dei doppi sensi. In alcune accezioni suo sinonimo è il sentimento. Ciò non sorprende, sapendo che i due termini hanno entrambi radice dal verbo sentire. Non si legge sui dizionari che una vita dotata di senso dipende dai propri sentimenti. Ma così è.

Il sentimento è una delle funzioni umane. Sembra sia stato Pascal il primo a sottolineare nettamente la distinzione tra sentimento, *esprit de finesse*, e ragione, *l'esprit de géométrie*. Ben noto è l'aforisma "*Il cuore ha le sue ragioni, che la ragione non conosce*". A onor del vero il cuore è, per Pascal (e non solo), sede sia del sentimento che dell'intuizione, ma non complichiamoci troppo le cose. Già la contrapposizione tra cuore e ragione rischia di essere fallace, se vista come una dicotomia.

Per gli antichi sede dell'intelletto umano era il cuore, non il cervello. La scienza ci dice però che il cervello è la struttura necessaria a molti dei nostri processi mentali. Più recentemente ci informa anche dell'esistenza del cosiddetto "secondo cervello", ovvero dell'intestino, sede di gran parte del microbiota che ospitiamo, che si è dimostrato in grado di produrre neurotrasmettitori, come ad esempio la serotonina, e in tal modo di influenzare il cervello stesso. Se la testa è la sede del ragionamento e il cuore quella del sentimento, la pancia (le nostre viscere) si può far corrispondere a sede delle emozioni. Di emozioni particolarmente intense si dice che sono viscerali.

Ho notato che molte persone non sono in grado di rispondere se gli si domanda quale sia la differenza tra sentimenti e emozioni. A volte è vero che i due termini si possono usare come sinonimi ma, per quanto interagiscano tra loro, non hanno lo stesso significato. Per chiarirlo questa volta più che al dizionario dovrò riferirmi alla distinzione che ne fa la psicologia. La prima differenza, la più evidente, risiede nella durata. L'emozione insorge istantaneamente in reazione a uno stimolo e di norma è di breve durata, sostituita al sopraggiunge di un diverso stimolo. Si è allegri al ricevere dei complimenti ma, se camminando verso l'auto si intravede un foglietto rosa sul cruscotto, già si è diventati tristi, preoccupati o arrabbiati. I sentimenti sono invece molto più costanti nel tempo. La madre che nutre un sentimento di amore verso il figlio non viene meno a esso per il disappunto provato di fronte a una sua marachella.

Diversa è inoltre l'intensità. Le emozioni travolgono il soggetto con una forza alla quale non è semplice resistere. Tant'è che emozione, attraverso il francese *émotion*, deriva da *e-* (con significato di moto da luogo) e *movere*. Le emozioni sono letteralmente ciò che ci muove, senza si rimarrebbe immobili e incapaci di scegliere (studi su soggetti con specifiche lesioni che interessano aree deputate alla loro elaborazione lo dimostrano). Se però si è in loro totale balia si diventa come dei burattini che gli eventi esterni, sollecitando l'una o l'altra emozione, muovono indisturbati. I sentimenti suscitano di solito un moto molto meno travolgente, benché decisamente più costante.

Diversa è inoltre l'origine di emozioni e sentimenti. Riguardo alle prime sono numerose le teorie cha attribuiscono a esse un'origine primariamente fisica o psichica. Che sia nato prima l'uovo o la gallina, quello che è certo è che un'emozione consta sia di aspetti fisiologici (alterazione del respiro, del battito cardiaco, della sudorazione, eccetera) sia della corrispondente dimensione psichica. Si ritiene inoltre che, quantomeno le cosiddette emozioni primarie, siano innate e quindi comuni a ogni essere umano, nonché ad altre specie animali. Altrimenti come sarebbe per noi possibile capire al volo se cani, gatti o altri mammiferi sono felici, tristi o arrabbiati? Con molte specie abbiamo in comune, oltre che il già citato microbiota intestinale, anche delle zone del cervello, dette limbiche, che risultano essere legate al vissuto emozionale.

I sentimenti invece, oltre a farci battere il cuore, sono probabilmente correlati ad alcune zone del lobo prefrontale di più recente sviluppo. La loro origine non è altrettanto innata, vanno piuttosto educati nel tempo. Ciò spiega anche perché culture diverse prediligono sentimenti diversi.

Il pensiero, lo abbiamo già detto, sottintende l'azione del pesare. La ragione, dal latino *ratio*, "calcolo, ragione", derivato da *reri*, "stabilire", quantifica e misura. Difatti il ragioniere fa i conti. Un po' più complessa la questione che riguarda la logica, o meglio la λογική τέχνη (*logiké tékhnè*), che significa "arte (lasciato sottinteso) del discorso", cioè del λόγος (*logos*), a sua volta da *légo*, "raccogliere, scegliere, raccontare", e quindi anche arte del pensiero che si esprime attraverso la parola. Non per nulla il lavoro del logico è ben diverso da quello del ragioniere.

L'esistenza di un'arte del discorso sottintende che un pensiero può essere di buona o di scarsa qualità. Il che è evidente. Stranamente però non sono rare faziosità che attribuiscono alla ragione la colpa di tutti i mali del mondo ed esaltano il valore di un'indifferenziata mescolanza di sentimenti ed emozioni, dimenticando che proprio come i pensieri anche i sentimenti o le emozioni possono di essere di buona o di scarsa qualità. Capita, se si nutrono dei cattivi sentimenti verso qualcuno o qualcosa. Oppure se paura o rabbia si espandono oltre la loro funzione di allarme e, diventando frequenti o croniche, ci avvelenano la vita (letteralmente, vista la capacità di uno stato emotivo di alterare la produzione biochimica endogena).

Inoltre, pretendere che tra ragione, sentimento e emozione debba esserci una facoltà migliore delle altre è già in partenza assurdo. Non sono funzioni intercambiabili, bensì ognuna specializzata nel suo compito, complementari e da integrare fra loro. Il pensiero ci aiuta a analizzare, scomporre, soppesare e cercare il modo più efficace per "andare da A a B". Però non è in alcun modo in grado di dirci perché dovremmo andare verso B, piuttosto che verso C, a meno di fornirgli una meta successiva in base alla quale B rappresenti una tappa migliore di altre. Sono le emozioni a spingerci verso una direzione piuttosto che un'altra. Nel mezzo, anche fisicamente, si trovano i sentimenti (il cuore), che si educano col pensiero e con l'esperienza emotiva e che, a loro volta, influenzano pensieri e emozioni.

Avete presente il miliardario avido e spietato che per diventare sempre più ricco non si fa scrupoli a schiavizzare, impoverire e perfino uccidere? A guidarlo non c'è la razionalità, bensì cattivi sentimenti e emozioni primarie di sopravvivenza che hanno perso ogni senso della misura. La ragione svolge unicamente la funzione di renderlo abile ed efficace nel suo obiettivo di accaparrarsi il più possibile.

Invece, di fronte a un'automobile che sta per investirci, o imbattendosi in una tigre, non si ha il tempo di pensare ed è l'emozione che prende il sopravvento per salvarci la vita. La paura ci è indispensabile per affrontare dei pericoli immediati, ma se ci lasciamo consigliare da essa in altri frangenti si ottengono spesso pessimi risultati. Anche perché la sua funzione è di convogliare le energie dell'individuo negli organi motori necessari alla fuga o all'attacco, sottraendole ai sistemi non al momento indispensabili. Tra cui anche il sistema immunitario, che risulta inibito da uno stato cronico di paura. Ecco perché proprio chi ha spesso timore di ammalarsi si ammala più facilmente.

La costanza di comportamento è invece data dai sentimenti. Il soldato sul campo di battaglia, giusto o meno che lì sia (io propendo per la seconda opziona), vi resta in virtù di un sentimento patriotico. L'emozione gli suggerirebbe la fuga, a meno che il pensiero lo allerti sul rischio di venire fucilato per diserzione e in tal caso, di fronte al duplice rischio di morte, sarebbe guidato dallo scenario che gli suscita l'emozione più forte. Se però ipotizziamo un soldato, non mercenario, che può scegliere liberamente se rimanere o meno sul campo di battaglia, allora non ci sono dubbi che a guidarlo sia il suo sentimento. Così come una madre, stremata da notti insonni per il pianto del bambino, si appella al suo sentimento di amore per non fare la follia che l'emozione potrebbe suggerirgli.

Insomma, ridurre la questione alla supposta superiorità di una nostra facoltà su un'altra è piuttosto puerile. Ricordate invece le parole equilibrio e armonia? L'immagine di un funambolo con in mano l'asta non è adatta a visualizzare l'equilibrio tra tre polarità; si può però pensare a un triangolo ai cui vertici si trovano rispettivamente ragione, sentimenti e emozioni. Al centro, equidistanti dai suoi estremi, si è in equilibrio. Dai funamboli possiamo comunque imparare che l'equilibrio nasce dal costante movimento, non dalla staticità. Anche per quanto riguarda la nostra psiche, irrigidirsi in una qualsivoglia posizione non può che "far cadere" e perdere l'armonia.

Adesso siamo pronti per tornare al senso che, come ho scritto, è legato al sentimento non solo dall'etimo in comune. Quando la propria vita concorda con i propri sentimenti si sente che ha un senso. Non necessariamente però un senso buono o realistico. Se ne scaturiscono molte emozioni negative difficilmente è buono. Se il pensiero nota che è incoerente col piano di realtà si tratta di un senso fittizio e illusorio. Quando pensiero, emozioni e sentimenti concordano, solo allora, davvero troviamo un senso nella nostra vita e nel mondo in cui viviamo.

TENIAMO PULITO

Il mondo, se stiamo al suo etimo, è un luogo pulito. Sia il nome che l'aggettivo derivano infatti dal latino *mŭndus*, "pulito" appunto. Forse i suoi significati di universo e di pianeta Terra derivano dall'idea di ordine che si associa alla pulizia. Fatto sta che anche il cosmo, dal greco κόσμος (*kósmos*), "ordine, ornamento", è un luogo bello e ordinato. I prodotti di cosmetica adornano e rendono più attraenti.

Il Creato venne visto dai pitagorici come il luogo in cui si esprimono in armonia le relazioni matematiche. Nella visione cristiana la Terra è sì creata da Dio, ma diventa un luogo imperfetto e impuro se è confrontata col mondo celeste, o divino. Gli aspetti più terreni possono quindi essere disprezzati come mondani da alcuni che ricercano la trascendenza. Per chi invece preferisce uno stile di vita edonista, mondano è sinonimo di quel bel mondo che offre le soddisfazioni desiderate. Questione di punti di vista.

Inoltre c'è il proprio mondo interiore. Ognuno ha il suo, e anche il compito di tenerlo pulito e ordinato. Altrimenti ci sarà una gran confusione, composto di *con*, "insieme", e *fusus*, "fuso". Certi concetti è meglio invece tenerli distinti. Se però la separazione è provocata da un ostacolo posto di traverso potrebbe esserci lo zampino del Diavolo, dal greco διάβολος (*diábolos*), composto di διά (*diá*), "attraverso", e βάλλειν (*bállein*), "gettare". Più probabile però che sia stata opera di un qualche "povero diavolo" e comunque, a volte, per comprendere è necessario separare. Poi, con maggiore consapevolezza e in modo più armonico, si può riunire il tutto sotto il giusto simbolo, dal greco σύμβολον (*symbolon*), da σύν (*syn*), "insieme", e βάλλειν (*bállein*).

Quanto ai simboli consentitemi però una digressione. Nel linguaggio comune segno e simbolo sono sinonimi, la linguistica ne prende atto e molti dizionari definiscono il simbolo come un segno. Niente di male, ma per la psiche non è così. Il segno sostituisce e rimanda a qualcosa. Così lo definivano i filosofi medievali: *"aliquid stat pro aliquo"* (qualcosa sta per qualcos'altro). Un cartello di forma circolare con un rettangolo bianco orizzontale posto su sfondo rosso significa che la strada è interdetta al traffico in tale senso di marcia. C'è una corrispondenza univoca tra il segno e il suo significato (nell'esempio la corrispondenza è biunivoca). Non si può sbagliare. Né bisogna cercare una propria interpretazione per comprenderne il significato.

Invece in un simbolo confluiscono molti significati. Non dovrebbe stupire, per sua natura un simbolo unisce insieme molti concetti, non soltanto due. Nel farlo crea a volte relazioni inattese tra ciò che unisce e in tal modo ci aiuta a comprendere. In un certo senso si può dire che ogni simbolo è vivo: non è mai definito e si arricchisce nel tempo. Spesso il suo significato non è chiaro e ciò può sembrare che sia un'imperfezione. D'altronde, se fosse perfetto, dal latino *perfectus*, composto di *per*, "fino in fondo", e *facĕre*, "fare", sarebbe "compiuto, finito". Mentre abbiamo detto che è vivo e ciò che è vivo, finché lo è, non può essere finito. Dovremmo ricordarcelo quando ci rammarichiamo di non essere perfetti.

I sogni sono esperienze altamente simboliche. Non sono cartelli stradali psichici e perciò non ha alcun senso affermare, "se hai sognato questo, significa questo". Se ciò fosse possibile i sogni non sarebbero altro che segni, ma non è così. Troppi aspetti di un sogno sono intraducibili, occorre interpretarli, consapevoli che se si cade nella tentazione di tradurli *tout court*, come se fossero dei segni, se ne tradisce la natura. Piuttosto occorre comprendere ciò che a ogni sogno associa il suo sognatore, cosa per lui simbolizza. Perdonatemi la lunga digressione sui simboli ma dovevo farla, sono di formazione junghiana. Adesso però torniamo al nostro mondo interiore.

Osservando attentamente si scopre "una specie di finestra" che si affaccia sul mondo esterno, o piuttosto di "schermo". Diciamo che è il luogo mentale nel quale ci raffiguriamo la realtà. Se, come fosse un finestrino, vi guardiamo attraverso, vediamo la realtà per quella che è. Ammesso però che il vetro sia limpido, pulito e trasparente. Altrimenti la visione è sporca e si presta a fraintendimenti. Più il vetro è opaco alla luce esterna più è adatto a proiettarci sopra dei veri e propri film mentali, che a quel punto scambieremo per la realtà, pur essendo niente altro che nostre produzioni. Come al cinema, anche sul nostro schermo interiore può essere proiettata una realtà fittizia.

Proiezione è il nome di uno dei meccanismi di difesa dell'io, come vengono chiamati in psicanalisi gli automatismi inconsci che si attivano per proteggere la propria idea di sé, ogni qual volta il confronto con la realtà rischierebbe di mettere in crisi la propria autostima. Ce ne sono moltissimi, per tutti i gusti. La proiezione è tra i più diffusi. Consiste nell'attribuire agli altri proprie caratteristiche che non ci piacciono. Se nel farlo non si riesce a liberarsi dall'idea di mostrare anche noi tale aspetto sgradito, e si ritiene sia stato l'altro a farlo insorgere in noi come giusta e inevitabile reazione, allora il meccanismo prende il nome di identificazione proiettiva. Ci sarebbe tanto da dire sui meccanismi di difesa ma è un argomento un po' tecnico. Meglio per il lettore interessato approfondirlo su un buon libro specialistico. Ad esempio sul mio *Psicologia di Segnale*.

Una buona pulizia del proprio mondo interiore consiste nel mantenerlo ordinato. Si inizia dal comprendere come è fatto e cosa vi risiede. Come si può altrimenti tenere in ordine qualcosa che non si capisce? Nel pulire la propria mente, diversamente dal detergere casa, non si può gettare ciò che ci sembra troppo sporco nell'immondizia. Non ci sono cassonetti, né tanto meno il servizio di raccolta e smaltimento. Eppure secondo Freud l'inconscio sarebbe stato una sorta di cestino della spazzatura rimossa dal conscio e il compito della terapia sarebbe consistito nel "bonificare" tale ricettacolo di ostacoli al dominio dell'io. Provare per credere che, invece, più si tenta di liberarsi del proprio inconscio più se ne diventa succubi.

Lo stesso vale anche per la pretesa di eliminare gli aspetti non graditi di sé, semplicemente negandoli. L'attenzione è un'energia che nutre le parti di noi che la ricevono. Anteporre un "non" all'intenzione con cui si dedica attenzione a qualcosa non cambia il risultato. Tentate. Pensate a un elefante bianco e ditemi quale immagine vi affiora alla mente. Adesso, non pensate a un elefante bianco! Visto? In compenso, per non pensare a un elefante bianco, potete decidere di immaginare qualsiasi altra cosa. Funzionerà.

Ciò che riceve attenzione permane nella mente, cresce e si sviluppa. Non si può però decidere di non dare attenzione a qualcosa, poiché provandoci gli si darebbe di fatto attenzione. Ne consegue che non ci resta che accettare in noi anche parti che non piacciono al nostro io ma che fanno parte del proprio Sé. Per approfondire la differenza anche in questo caso sono costretto a rimandare a un testo più specialistico. Qui basti dire che la maggior parte della sofferenza psichica è causata da conflitti interni. Una qualche parte di noi vuole sopraffare, sconfiggere e forse eliminare un altro nostro aspetto. Se al posto di "crociate" o "guerre sante" interne si riconoscesse il diritto di cittadinanza a ogni aspetto di sé, vivremmo in pace anche noi. Sarebbe una buona abitudine.

QUESTIONE DI ABITUDINI

Le abitudini sono i nostri abiti psichici. Entrambi i termini vengono dal latino *habĭtus,* da *habere,* "avere, possedere", anche un determinato comportamento. Dalla stessa radice deriva anche abitazione, il luogo in cui si vive, il proprio piccolo mondo.

Un tempo si possedevano pochi vestiti, a volte solo uno, e pertanto li si indossava spesso e a lungo. Oggi che gli armadi sono pieni si cambia di abito con grande facilità. Lo stesso non si può però dire delle proprie abitudini psichiche che spesso sono viste come se fossero parti non modificabili di noi. O meglio, si sa che si possono cambiare ma si teme che modificarle trasformi anche aspetti sostanziali di sé. Eppure cambiandoci di abito ci si sente sì diversi ma nell'apparenza, non nell'essenza.

Distinguiamo perciò tra essenza e personalità. Essenza viene dal latino *essentia,* che deriva da *esse,* "essere". La propria essenza è ciò che si è, la propria natura più profonda e immutabile, a meno di divenire ciò che non si è. Invece personalità e persona vengono dal latino *persōna,* probabilmente a sua volta dall'etrusco *phersu,* "maschera", forse calco del greco πρόσωπον (*prósōpon*), "faccia, volto". Altre ipotesi legano il termine a *per,* "attraverso", e *sŏnare,* "suonare", in riferimento agli attori del teatro classico che parlavano attraverso la maschera lignea che indossavano in scena; o anche a *pars,* "parte, funzione, ruolo" di un personaggio. Come che sia, tutte le ipotesi concordano sul fatto che persona, e quindi personalità, sia la maschera con la quale si recita quella che si ritiene essere la propria parte. Cambiare la propria essenza non è una buona idea, ma cambiare copione si può.

Sì, lo so, la questione si complica un po' e magari qualcuno si è perso non capendo più se deve accettarsi così come è o se deve cambiare abitudini. Ricapitoliamo. Sempre meglio partire dall'accettarsi, anche perché a suon di lamenti non mi risulta nessuno abbia mai cambiato qualcosa né in sé né nella società. Poi, una volta smesso di sprecare inutilmente le energie che il non accettarsi comporta, occorre acquisire consapevolezza di sé. Osservarsi e comprendere quali aspetti fanno parte della propria essenza e quali della propria personalità.

I primi meglio non toccarli, o quantomeno farlo con prudenza perché se si incrinano i pilastri della propria struttura ci si espone a rischio di crollo. Sulle maschere invece ci si può sbizzarrire a trovare la più adatta, anzi, le più adatte, visto che nella recita della vita si passa spesso da un ruolo all'altro e la maschera indossata in un contesto potrebbe non essere adatta in una diversa occasione. Meglio portarsi dietro almeno un ricambio, come si fa con gli abiti. Se invece di un'abitudine non si può proprio fare a meno, allora è più corretto chiamarla dipendenza.

Difficile è semmai capire quali aspetti pertengano all'essenza e quali alla personalità. Questo però lo si può discutere solo in una seduta terapeutica, perché non esistono regole generali. Quello che per qualcuno è un aspetto fondante per altri può essere un tratto puramente decorativo. D'altronde, l'ho scritto, bisogna osservare per comprendere. Non è un processo immediato, richiede il suo tempo e molto impegno.

Alcune indicazioni sono però possibili. I propri gusti, ad esempio, dipendono dalle abitudini. Conoscere il sapore, del cibo, delle cose o della vita, conduce alla sapienza; ma al contempo ciò che, consapevolmente o meno, si sa di qualcosa determina per noi di cosa sappia. Quale che sia l'accezione in uso, il verbo sapere deriva dal latino *sapĕre* e, tra ciò che ha sapore e ciò che sappiamo, sussiste una relazione che si muove in entrambe le direzioni.

Ma torniamo ai gusti, nello specifico a quelli sul cibo. Per quanto ad alcuni faccia piacere considerarli legati alla propria identità, le proprie preferenze alimentari non sono una parte essenziale di sé. Infatti si formano nel tempo, in base alla cultura di appartenenza e al proprio vissuto familiare. Potrebbe darsi che i membri di società tra loro distanti abbiano nel tempo selezionato dei geni che li rendono più o meno propensi a un determinato cibo. Tuttavia ciò non spiegherebbe l'esistenza di gusti diversi tra parenti stretti, che condividono gran parte del patrimonio genetico, né la possibilità di cambiare preferenze alimentari nel corso della propria esistenza. Pertanto è poco probabile che sia così.

Più realisticamente, i gusti si formano in coerenza col tipo di vissuto emozionale che ha caratterizzato i primi contatti con ogni alimento. Può darsi che mia madre fosse arrabbiata quando mi ha servito per la prima volta le carote, o che insistesse troppo perché le finissi, o che la notte seguente – magari per tutt'altre ragioni – mi sia sentito male, o altro ancora. Anche le aspettative e i pregiudizi influenzano i gusti alimentari. Lo si può verificare provando a fare assaggiare delle frattaglie a un adulto che non le conosce. Con buona probabilità, sapendo cosa sono le dichiarerà schifose, mentre non sapendolo le troverà buonissime, come in effetti sono.

Insomma, no, i gusti non fanno parte di noi più degli abiti che indossiamo. Ciò che ho scritto per il cibo lo si può applicare anche a preferenze musicali, artistiche, sessuali, ricreative, su dove andare in vacanza, su come vestirsi, cosa acquistare, come atteggiarsi, chi o che luoghi frequentare, e altro ancora. Tutti aspetti per i quali i propri gusti si sono formati sulla base dell'esperienza e che vissuti diversi possono modificare, poiché non fanno parte imprescindibile di ciò che si è.

Non per questo naturalmente è vero che "si debba provare tutto nella vita", proposito che per altro non avremmo il tempo di mantenere. Ben diverso però è lo scegliere liberamente di conservare i propri gusti, sapendo di poterli volendo cambiare, dal credere che siano parte immutabile di noi.

Meglio ancora sarebbe conservare le abitudini che si ritiene valide e adeguate, ma cambiare le altre. Almeno qualcosa ogni tanto andrebbe cambiato. Altrimenti, indossando sempre la stessa espressione, si rischia di dimenticarsi di averla e credere di essere ciò che rappresenta. Si finisce con l'identificarsi con una maschera che, per altro, se sempre la stessa, anche a chi osserva appare lisa e logora, come lo sarebbe un abito indossato tutti i giorni per decenni.

CRISI E OPPORTUNITÀ

Crisi, dal greco κρίσις (*krísis*), deriva da κρίνω (*krínō*), "separare, distinguere, giudicare". Etimologicamente ha quindi il significato di "scelta, decisione" e quello di "fase decisiva", ad esempio di una malattia. Un momento appunto critico, decisivo, nel quale una scelta, che sia consapevole, emotiva, corporea o fatta per noi da qualcun altro, non può più essere rimandata.

La nota versione secondo cui il termine cinese per crisi, 危機 (*wēijī*), sarebbe formato dall'ideogramma 危 (*wēi*), corrispondente a pericolo, e da quello per opportunità, 機 (*jī*), sembra che risalga al contenuto di un discorso fatto da John Fitzgerald Kennedy, ma che sia veritiera solo per quanto riguarda il primo ideogramma. Leggo che 機 (*jī*) è sì componente della parola cinese per opportunità, 機會 (*jīhuì*), ma che preso da solo non può assumere tale significato e semmai andrebbe tradotto come "punto cruciale" (oltre ad avere altri significati di tutt'altro tipo).

Tuttavia, anche con questa precisazione, a me la citazione non sembra del tutto errata. Ma io naturalmente non sono né linguista né sinologo. Fatto sta che dal punto di vista psicologico, quale che sia la lingua cui si fa riferimento, la fase di crisi comporta delle scelte ed è pertanto inevitabile che sia, al contempo, sia un momento di pericolo che di opportunità.

Opportuno, dal latino *opportūnus*, "propizio, favorevole", è composto da *ob-*, "a, verso", e da *portus*, "porto", quindi propriamente "che spinge la nave verso il porto".

Mentre pericolo, dal latino *perĭcŭlum*, "prova, tentativo", potrebbe derivare da un'ipotetica forma verbale *perīrī* o *perīre*, da cui verrebbe anche *expĕrīrī*, "sperimentare, tentare". Participio passato ne sarebbe *peritus*, da cui proviene il termine perito, "esperto in una professione", che tale è diventato a forza di esperimenti.

Quanto a perire, nel senso di morire, deriva da un verbo omofono al supposto antecedente di *expĕrīri*, ma questa volta non ipotetico, *perīre*, composto di *per-* (con valore perfettivo) e *īre*, "andare", col significato di "andare in rovina" e quindi "spirare". Oltre all'assonanza, non sembrano esserci collegamenti con l'etimo di pericolo e di perito.

Certo è che ogni esperimento comporta anche dei rischi, si diventa esperti imparando a gestirli, non evitandoli. In tal modo ogni crisi può essere anche opportunità.

AMARSI UN PO'

Tutti i dizionari affermano che il termine amore deriva dal latino a*mor*. La maggior parte ne dichiara ignota l'ulteriore origine e non si sbilancia oltre. Al più alcuni ipotizzano una versione arcaica *camare*, affine al sanscrito काम (kāma), "desiderio, amore", o da esso derivante, che avrebbe poi perso l'iniziale. Della fantomatica versione secondo cui amore deriverebbe da *a-* (privativa) e *mors*, "morte", ne scrivono molti blog. Gli etimologi invece la ignorano, o al più la riportano dichiarandola falsa o – se sono generosi – molto improbabile.

Peccato, perché l'idea di amore come "assenza di morte" sarebbe stata poetica. Niente vieta di associarvi l'immagine, consapevoli però che ne conseguirebbe che amore sia solo l'amore eterno, il che poco concorda con le tante e varie accezioni di significato che convivono nel termine. Infatti l'amore può essere visto come passione carnale, dedizione sconfinata, cura, legame profondo e maturo. Come amicizia, termine che i dizionari riportano avere la stessa radice di amore, quale che sia. Come desiderio di possesso, *l'amore del denaro*, o inclinazione verso un'attività, *amore per l'arte,* un'ideale, *l'amore di patria*, o se stessi, *l'amor proprio*. L'elenco dei significati non è esaustivo ma dovrebbe bastare a rendere conto della difficoltà di definire in modo univoco cosa l'amore sia.

Il greco antico mostra maggiore consapevolezza delle grandi e piccole differenze tra ciò che oggi genericamente chiamiamo amore. Esistevano infatti molti distinti termini. Alcuni dei quali erano personificati da delle divinità (oggi diremmo da degli archetipi) figlie di Ares, dio della guerra, e Afrodite, dea della bellezza e dell'amore. Dalla loro unione nascono la già citata Armonia ma anche Deimos (Δεῖμος), divinizzazione del terrore che suscita la guerra. Loro fratelli sono Eros (Ἔρως), Himeros (Ἵμερος), e Anteros (Ἀντέρως), tutti nomi che, se in minuscolo, indicano una diversa attitudine amorosa. Per riferirsi all'amore fisico, passionale e carnale, e al desiderio che vi è legato (sebbene non fosse necessariamente rivolto a un'altra persona), si usava *eros*, da cui erotismo. Il desiderio folle, irrefrenabile e spesso non corrisposto prendeva il nome di *himeros*. L'amore corrisposto prendeva invece il nome di *anteros*, e rivendicava la fedeltà.

Figlio di Afrodite a Ares era anche Fobos (Φόβος), personificazione della paura, da cui l'italiano fobia. Sempre da Afrodite (che non per niente è anche dea della generazione) ma da diverso padre, forse Crono, titano del tempo, nasce Pothos (Πόθος), incarnazione dell'amore nostalgico, idealizzato, irrealizzato e forse irraggiungibile. Un amore spesso tipico dell'adolescenza, che linguisticamente non ha niente a che spartire col fratello Fobos ma che, forse per assonanza, contiene in sé un po' di timore. Chissà, fatto sta che Pothos non è figlio di Ares, non ha ereditato né la capacità di combattere per ciò che desidera, né l'inevitabile parte di conflitto che è sempre presente negli amori che non rimangono solo dei sogni. Comunque anche Pothos, insieme a Eros, Himeros, Anteros e altri, figura tra gli Ἔρωτες, (*Èrōtes*), in italiano gli Eroti, al seguito di Afrodite.

A tutt'altra famiglia appartiene invece ἀγάπη (*agápè*), l'amore universale e disinteressato che, non solo non è imparentato con Afrodite, ma si scrive minuscolo poiché non è personificato da una divinità. Può sembrare strano che non lo sia proprio la forma di amore da noi considerata più divina. Ma dobbiamo ricordare che le divinità greche sono portatrici di forti passioni che si impossessano della volontà umana, soggiacendola e rendendola quindi incapace della libertà necessaria a esprimere un amore disinteressato e universale. Agape diviene però attributo divino nella teologia cristiana che ricorre al termine per indicare l'amore di Dio nei confronti dell'umanità. Curioso poi che in greco moderno ti amo si dica σ'αγαπώ (*s'agapò*), come a dimenticarne l'origine, con confusione di significati che suppongo sia analoga a quella riscontrabile in molte, se non tutte, le lingue moderne.

Anche le altre parole che nel mondo greco classico corrispondono a specifici aspetti dell'amore non sono personificate da divinità. Per riferirsi all'amore naturale e istintivo tra genitori, figli, fratelli e, più in generale, all'affetto famigliare, si usava στοργή (*storge*). L'affetto che si nutre per gli amici era invece chiamato φιλία (*philia*), da cui *filo*, elemento che in parole composte significa "amore per", come in filosofia o esterofilia. L'amore verso se stessi era la φιλαυτία (*philautia*). L'amore che prende la forma di ospitalità verso lo straniero, sacro in molte antiche culture, prende il nome di ξενία (*xenia*). L'amore per ciò che si fa, il desiderio di farlo, e quindi la volontà era θέλημα (*thelēma*). Alcuni elenchi includono pure altri termini, ma io credo che possiamo fermarci qui.

Con meno sfumature del greco, anche il latino disponeva, oltre ad a*mor,* termine usato per indicare l'amore intenso e passionale, di altre parole. Maggiore tenerezza, e il concetto di prediligere, erano espressi dal termine *diligo*. La preferenza nel desiderio era resa dal verbo *malo*. Il desiderio di amore era *cŭpĕre*, da cui Cupido.

Se è vero che la disponibilità di vocaboli per descrivere significati che in altre lingue sono sovrapposti sia proporzionale a quanto la popolazione ritiene importante il concetto – come, ad esempio, alcuni affermano sia la neve per gli eschimesi – dovremmo riflettere sull'odierna povertà di linguaggio inerente all'amore. Tanta vaghezza e confusione tra sfumature di significato tutt'altro che trascurabili dovrebbe suscitare anche in noi la domanda cantata da Vinicio Capossela, "*Che coss'è l'amor?*", o poetata da Wystan Hugh Auden, "*O tell me the truth about love*". Altrimenti rischiamo di riferirci ad aspetti ben diversi tra loro e non c'è poi da stupirsi se non ci capiamo. Si incorre in una moderna Babele, proprio riguardo al sentimento sul quale più sarebbe necessario assicurarsi di intendere la stessa cosa.

Così tanti e diversi significati in un'unica parola comportano anche un bel po' di confusione quanto alle aspettative provate verso il partner. A volte si rischia di richiedere alla stessa persona: intesa sessuale, passione sfrenata, tenerezza, protezione materna o paterna, piena indipendenza, amicizia e complicità, seduzione, mistero ma anche totale trasparenza. Non pensate che siano troppe attenzioni da chiedere a una sola persona? Tanto più che alcune di esse sono tra loro in contraddizione.

Spostandosi dal sentimento ai nomi del ruolo in una relazione di coppia i termini diventano chiari. La locuzione "stare insieme" non necessita di spiegazioni, di fatto quello esplicita. Se invece si è compagni, dal latino medievale *companĭo*, composto di *con-*, "assieme", e *panis*, "pane", si condivide il cibo, e non solo. Mentre un fidanzamento è una promessa di nozze. Fidanzare viene da fidanza, "fiducia", calco del francese *fiancer*, "prendere un impegno".

Sposa viene dal latino *spōnsa*, participio passato sostantivato di *spondēre*, "promettere (in moglie)". Curioso che in italiano il termine sia passato dall'originario significato di fidanzata, a quello di donna nel giorno delle nozze, fino a quello di moglie. Infine matrimonio, dal latino *matrimonium*, deriva da *mater*, "madre"; sul modello di patrimonio, da *patrimonium*, che deriva da *pater*, "padre".

Disponiamo di nomi diversi per distinti livelli di impegno relazionale. Interrompere lo stare insieme, stando al significato della locuzione, non comporta aver tradito una promessa, poiché essa non dovrebbe esserci stata. Anche se si è compagni, l'impegno è nel condividere il presente, non il futuro. Mentre dei fidanzati si promettono che un giorno si sposeranno e pertanto lasciandosi rompono una promessa, anche se non qualcosa di già sancito. Se si dà la stessa importanza al rompere una relazione, un fidanzamento, o un matrimonio, di fatto si annullano le differenze tra i distinti ruoli. Il che in effetti corrisponde a come sempre più spesso oggi è. Giusto o sbagliato che ciò sia. Io mi limito a fare una constatazione.

CONOSCERSI NELL'INTIMITÀ

Nell'intimità si dice che ci si conosce meglio. Nella sua accezione biblica la conoscenza di qualcuno è carnale. Oggi però la locuzione "conoscenza biblica" ha quasi esclusivamente valore ironico. Per riferirsi all'atto si dice piuttosto: fare sesso, fare l'amore o – perdonate le volgarità – si ricorre a termini come trombare, fottere, chiavare, scopare, sbattere o altre varianti locali.

Nella visione comune la scelta del termine è considerata una questione di educazione, o di affetto provato verso il compagno o la compagna di intimità. Mi propongo tuttavia di mostrare che non si tratta solo di parole diverse per indicare la stessa attività. Più o meno come melo, quercia o ciliegio non sono vari termini per dire la stessa cosa, bensì distinti nomi per riferirsi ad alberi diversi che, sì hanno in comune il fatto di essere alberi, ma che,soprattutto offrono frutti diversi. Il che, a meno di essere dei maiali, non è certo indifferente. Ogni verbo indica un'azione e le azioni, come gli alberi, si riconoscono dai frutti, da ciò che creano. Nel caso di fare sesso, o fare l'amore, l'associazione tra azione e risultato è esplicitata dal verbo fare che significa sia "compiere, eseguire" che "realizzare, produrre, creare".

Seguendo tale ipotesi di lavoro, nella locuzione "fare sesso", si compie un atto sessuale e al contempo si crea sesso. Il termine sesso viene dal latino *sexus*, di etimo incerto, secondo alcuni dalla radice protoindoeuropea *sec*, "separare", la stessa da cui verrebbe anche il verbo secare, "tagliare, segare". Certo è che in biologia, salvo rarissimi casi di attribuzione incerta, la separazione tra i sessi è chiara e netta. La distinzione può poi anche essere ideologizzata e messa in discussione, ma questa è un'altra storia. Qui mi limito a rilevare che, se è vero che il termine viene da separare, nel fare sesso si compie una separazione tra esseri umani.

Al suo opposto, seguendo lo stesso ragionamento, nel fare l'amore si produce amore. Abbiamo visto quanti distinti significati sono associati alla parola ma, fermo restando le differenze, in generale si può dire che amore sia unione. Fare l'amore produce infatti una sensazione di unione: unione con l'altro essere umano, unione con l'Assoluto. Non è invece forse vero che dopo aver fatto sesso capita spesso di sentirsi soli? Fisicamente insieme, sì, ma di fatto soli.

Non vorrei però passare l'idea che l'una attività sia positiva e nobile e l'altra sbagliata. Non è necessariamente così. Separare è una delle fasi necessarie a conoscere e a conoscersi. Fare sesso, tra persone maggiorenni e consenzienti, è quindi a mio avviso più che legittimo, solo che non andrebbe confuso con ben altra cosa.

Non credo inoltre che fare sesso o amore dipenda dal tipo di relazione in essere, poiché (penso sia esperienza di tutti) con chi si ama è possibile sia fare l'amore che fare sesso. Meglio è riconoscere i due atti dai loro frutti. Basta osservare. Se l'amore è un'energia di unione – nelle parole di Dante *"l'amor che move il Sole e le altre stelle"* – dopo aver fatto l'amore non si dovrebbe sentire la stanchezza che si prova invece dopo aver fatto sesso, bensì la sensazione euforica di essere invasi da una profonda energia. Ciò non per stucchevole sentimentalismo, che con l'amore spesso c'entra ben poco, bensì per una semplice questione di coerenza tra le azioni e i loro frutti.

Poi ci sono i termini volgari. Saltate pure questa parte se i termini generano fastidio. Credo però che anche essi meritino un approfondimento.

Trombare viene da tromba, dall'antico tedesco *trumba*, "strumento musicale" ma anche "tubo". Per mezzo di una pompa idraulica, attraverso un tubo, si pompano dei liquidi. In Toscana, trombare il vino significa travasarlo, mentre il trombaio è l'idraulico. Nell'accezione di atto sessuale è quindi evocata l'idea di spostare dei fluidi. Nella parola pompino il concetto è ancora più chiaro.

L'atto, trombata o pompino che sia, può essere chiaramente molto piacevole, può avvenire con amanti occasionali, come pure con il compagno o la compagna di vita, tra persone educate o rozze, che si stimano, si odiano, nutrono o meno affetto, può avvenire in svariate posizioni, con diverse durate, in diversi luoghi, con diversi umori, eccetera. Quello che però rende tale azione una trombata o un pompino, non sono le modalità con cui si svolge, bensì ciò che produce: un travaso di liquidi. Niente più.

Fottere, viene dal latino parlato *fŭttĕre*, da *fŭtŭo*, avente in latino il medesimo significato di atto sessuale. Curioso poi che sia venire trombati, che essere fottuti, significhino anche essere fregati, derubati, rovinati, come nell'inglese *to fuck*. Significato presente anche nella locuzione "venire chiavati".

Chiavare viene dal latino *clavāre*, "inchiodare", da *clavus*, "chiodo". Forse l'accezione sessuale si rifà alla forma del chiodo, per quanto l'immagine non sia certo lusinghiera se si pensa alle sue dimensioni, oppure al tenere ferma una persona in un atto non consenziente. Ma sono solo ipotesi.

Scopare viene chiaramente da scopa e mantiene il primario significato di utilizzarla per spazzare. Anticamente significava anche "frustare, percuotere a colpi di scopa". Possibile che tramite questa accezione abbia assunto anche il significato di possedere carnalmente, evocando un atto che oltre a essere volgare è anche violento. Un po' come accade in sbattere, "agitare con vigore", "urtare con violenza", e anche possedere carnalmente. Limitiamoci a sbattere i panni, o le uova, e lasciamo alla scopa la sua funzione di togliere la polvere. Per quanto, in alcuni casi, potrebbe non essere una cattiva idea togliere la polvere anche in senso metaforico.

Poi ci sono dei termini neutri, usati anche nella descrizione scientifica dell'atto. Accoppiamento è composto parasintetico (cioè formato a partire da un nome) di coppia, con *a-* rafforzativa. Nessun mistero, quando si è in coppia si passa volentieri alla dimensione più intima. Infatti, coito viene dal latino *coĭtus*, derivato di *cŏire*, composto di *co-*, "insieme", e *ire*, "andare". Letteralmente quindi "andare insieme". Di qualcuno con cui si sia consumato l'atto sessuale si dice anche di esserci andati, specificando o meno "a letto".

Tanti e diversi modi per dirlo. Ma anche e soprattutto tanti diversi modi per farlo. Perché nel rapporto intimo non è solo questione di saperci fare, il che comunque non guasta, ma anche e soprattutto di avere ben chiaro cosa si sta facendo.

È UNA QUESTIONE COMPLESSA

Comprendere se stessi e il proprio mondo non è cosa semplice. Semplice, dal latino *simplex*, è composto dalla radice *sem-*, "uno solo", e da *plectere*, "piegare", e significa quindi "piegato una sola volta". Mentre la realtà nasconde assai più pieghe ed è appunto complicata, participio passato di complicare, dal latino *cŏmplĭcāre*, composto di *con-*, "assieme", e *plicāre*, "piegare". Districarsi è difficile, da *dis-*, "non", e *facĭlis*, "facile", a sua volta da *facĕre*, "fare". Talvolta è un bel problema, dal greco πρόβλημα (*próblema*), composto da πρό (*pro*), "avanti", e βάλλειν (*bállein*), "gettare", l'ostacolo che qualcuno, o qualcosa, ci ha posto sulla via.

Di solito il paziente a cui viene spiegato cosa dovrebbe fare per risolvere i suoi problemi risponde che "non è semplice", "è complicato", "è difficile", "è un problema". In realtà sarebbe più corretto se dicesse che "è complesso", dal latino *complexus*, "abbraccio, stretta", ciò che risulta dall'unione di più parti. La nostra psiche infatti è lungi dall'essere monolitica e a volte una parte di noi vuole qualcosa che un'altra parte invece non desidera. Ne deriva un conflitto che è difficile da risolvere e che spesso causa sofferenza.

Nella psicologia junghiana i complessi, dal tedesco *komplex*, sono definiti come "nuclei a tonalità affettiva", cioè parti del Sé che, se attivate (costellate è il termine utilizzato) da determinate associazioni di pensieri, assumono il controllo della nostra psiche. Scriveva Jung, in *Considerazioni generali sulla teoria dei complessi*, che:

> *Oggi sappiamo tutti che "abbiamo dei complessi". Che invece i complessi abbiano noi è cosa meno nota, ma dal punto di vista teorico ancora più importante. L'ingenua premessa dell'unità della coscienza, la quale viene identificata con la "psiche", e della supremazia della volontà, è infatti posta seriamente in dubbio dall'esistenza del complesso.*

La situazione si può raffigurare come se noi fossimo un pulmino che ospita più passeggeri che, a volte, a turno e in modo imprevedibile, spodestano il nostro io al volante e assumono il controllo. Ripensandoci, capita poi di affermare che, facendo o dicendo qualcosa, "non si era in sé". Il che in un certo senso è vero.

Non sto però parlando di un Disturbo di Personalità Multiple (oggi chiamato Disturbo Dissociativo dell'Identità), bensì di quanto accade alle cosiddette persone normali. I vissuti emozionalmente rilevanti della propria infanzia tendono ad associarsi ad esperienze emotive simili, o che in qualche modo le evocano, e riattivano in noi reazioni analoghe. Può ad esempio capitare di incontrare una persona che ci ricorda uno zio che in passato è stato con noi dispettoso e provare un senso di disagio che altrimenti sarebbe del tutto immotivato. Oppure un complesso materno può influenzare le relazioni di un uomo con il mondo femminile e quindi anche con la sua attuale compagna.

Ma non è questa la sede adatta ad approfondire cosa sono i complessi e in che modo influenzano le nostre vite. Che li si chiami complessi o si preferisca altre parafrasi, l'importante è sapere che nell'inconscio esistono dinamiche che interferiscono con il volere dell'io.

Inconscio è ciò che non (*in*) è conscio. Conscio deriva dal latino *conscius*, composto di *con-*, "assieme", e *scire*, "sapere". Anche consapevolezza deriva da un composto parasintetico del verbo sapere. Si dice che "sapere è potere", il che a volte è vero, va però detto che, per quanto concerne la nostra psiche, sapere dell'esistenza di dinamiche inconsce non le rende consce, nel senso di pienamente controllabili. Almeno però, prendendone atto, non si rischia di negarle e, in tal modo, lasciarle agire indisturbate.

Comunque, neppure dovremmo dichiaragli guerra. In una guerra contro se stessi, in qualsiasi modo vadano le cose, si è sempre sconfitti. Anche se per una parte di noi fosse possibile sopraffare, distruggere ed eradicare altre componenti – il che dubito che sia – ben difficilmente si tratterebbe di una vittoria foriera di felicità. Più probabile comunque che le ostilità, e con esse le sofferenze, durino finché non si decide un armistizio. Meglio riconoscere cittadinanza ad ogni aspetto del Sé e provare ad aprire un dialogo interiore che miri ad accogliere e soddisfare i bisogni di tutti.

SIAMO CONTENTI

Per essere contenti bisogna essere contenuti, non per nulla il termine deriva da *contĕntus*, participio passato di *continere*, "contenere". Contenuti dagli altri, nelle accezioni di "compresi, accolti, tenuti in sé". Ma anche contenuti da se stessi, nel senso di "trattenersi, frenarsi, moderarsi, avere un determinato contegno". Si sa, "chi si accontenta gode". Ma non sempre è così.

La serenità, in analogia con il tempo atmosferico, è invece propria di una mente priva di perturbazioni. Sereno infatti viene dal latino *serenus*, "asciutto, secco", e quindi "sgombro da nuvole, limpido", detto del cielo terso. Similmente chi è raggiante, emana raggi di luce, come il sole, in special modo in una giornata serena. Tranquillo viene del latino *tranquillus*, forse affine a *quies*, "quiete", e si dice dello stato di calma che, come per il mare o per il vento, è proprio di una persona, di un'atmosfera o di uno stato d'animo non agitati.

Insomma, la serenità, la tranquillità e la contentezza sono offerte dalla calma, dal greco καῦμα (*kaûma*), "calore ardente del sole", con la differenza però che, mentre le prime corrispondono ad uno stato naturale della mente, la contentezza richiede lo sforzo di accontentarsi, o di essere contenti di qualcosa.

La gioia invece è godimento e, infatti, attraverso il francese *joie*, viene dal latino *gaudia*, plurale di *gaudium*, derivato di *gaudēre*, "godere". L'italiano gaudio vi attinge direttamente.

Felice è colui che si sente pienamente soddisfatto e appagato. Dal latino *felix*, il termine ha la stessa radice di *fecundus*, quindi propriamente significa "fecondo, fertile". La felicità è appagamento. Come lo è la soddisfazione, dal latino *satisfacĕre*, composto di *satis*, "abbastanza", e *facĕre*, "fare". Il termine lieto viene dal latino *laetus*, "fertile", da cui deriva anche letame, poiché rende il terreno fertile e quindi lieto. Beh, se non il terreno stesso certamente l'agricoltore.

Sembra, ma non c'è concordanza tra gli etimologi, che alacre e allegro derivino entrambi dal latino *alăcre* che, nel secondo caso, presenterebbe passaggio di *a* in *e* e sonorizzazione di *c* in *g*, tipiche del francese attraverso cui il termine giunge nella nostra lingua. Fatto sta che chi è alacre, cioè attivo, svelto, solerte, è anche allegro con maggiore probabilità di chi invece è spento, assopito, annoiato.

Se però si desidera provare entusiasmo non basta mostrarsi attivi, occorre avere ispirazione divina. Dal greco ἐνθουσιασμός (*enthousiasmós*), da ἔνθεος (*éntheos*), composto di ἐν (*en*), "in", e θεός (*thèos*), "dio".

Avere un dio in sé può dare euforia, dal greco εὐφορία (*euphoría*), composto da εὖ (*eu*), "bene", e da un derivato di φέρω (*phérō*), "portare".

Il rapimento divino può perfino portare fuori di sé, nell'estasi, dal greco ἔκστασις (*ékstasis*), composto di ἐκ (*ek*), "fuori", e στάσις (*stasis*), "stare". L'estasi è un turbamento dello stato di calma che ci conduce oltre se stessi, lontano da quella che chiamiamo realtà ordinaria. Condizione che talvolta può anche avere risvolti spiacevoli. Nondimeno, spesso vorremmo eccome inebriarci di tale distillato ma, sia chiaro, ciò non è possibile se si rimane confinati dentro di sé.

Insomma, se la sentenza biblica "*chiedete e vi sarà dato*" corrisponde a verità, occorre avere ben chiaro in mente che cosa chiedere. Infatti, come abbiamo visto, termini abitualmente considerati sinonimi contengono in sé sfumature di significato tutt'altro che secondarie.

QUALE DIO?

Se fosse possibile riunire gli dei di tutte le culture esistenti, e esistite, in un unico Pantheon, in greco Πάνθεων (*Pántheon*), da παν (*pan*), "tutti", e θεων (*theon*), "dei", con sottinteso ιερόν (*hierón*), "tempio", sarebbe un luogo oltremodo affollato.

Diversa è la visione di chi crede in "un unico vero Dio", in maiuscolo. Anche se, poiché varie religioni danno nomi diversi a quell'Uno, non sempre è chiaro se si tratti dello stesso dio che dispone di nomi diversi, o se vi siano invece più pretendenti al ruolo. Ad ogni modo non è questa la sede per tentare di dirimere questioni così delicate. Come però abbiamo visto, l'entusiasmo è ispirato dagli dei. Pertanto dovremmo domandarci a chi richiederlo: ad un Dio unico e onnipotente, o a dei con poteri specializzati ma limitati?

Nello scrivere questo libro avrei potuto appellarmi a Saraswati (सरस्वती in sanscrito), "colei che scorre", divinità fluviale ma anche dea, tra gli altri aspetti, del pensiero e della parola; una delle più antiche manifestazioni del potere divino femminile, शक्ति (*śakti*), che nel pensiero indiano è controparte imprescindibile del divino maschile. Oppure, riferendomi all'incarnazione della parola nel testo scritto, avrei potuto chiedere nume a Thot, divinità egizia (anche) della scrittura.

Va comunque compreso che gli dei dei politeismi sono in genere portatori delle passioni umane (o piuttosto siamo noi dotati di passioni divine), caratteristica che è ben diversa da quella che si tende ad associare all'idea di Dio unico e infinitamente buono. Anche se, leggendo l'Antico Testamento, ci potrebbe essere da ridire sul fatto che Yahweh (vocalizzazione del tetragramma ebraico יהוה) sia infinitamente buono. Perplessità che nella visione gnostica diviene esplicita affermazione che Yahweh, per quanto di natura divina e creatore di questo mondo materiale, il Demiurgo, sia usurpatore del

Principio Supremo. Ovvero del primo Eone, da cui per emanazione discendono gli altri Eoni (spiriti del tempo), dal greco αἰών (*aiốn*), "età, periodo", da cui deriva anche il termine evo. L'ipotesi gnostica è chiaramente bollata dalla Chiesa come eresia, dal greco αἵρεσις (*haíresis*), "scelta". Eretico è colui che sceglie, opzione che non può essere concessa da una religione dogmatica. Altrimenti snaturerebbe se stessa.

Sia come sia, abbandoniamo le questioni teologiche e torniamo al punto: reale o meno che sia, la concezione di un dio onnipotente, onnisciente, onnipresente e infinitamente buono si differenzia nettamente dalle caratteristiche attribuite agli dei politeisti che sono invece capricciosi, litigiosi, dotati di poteri grandi ma comunque limitati. Inoltre, mentre la prospettiva di ricongiungimento con l'Uno evoca l'idea di pace, dagli dei si viene invasati e posseduti. L'entusiasmo che ne deriva non conosce mezze misure: nel furore divino manca il tempo per fermarsi a soppesare pensieri e azioni.

Gi storici chiamano indoiranici i popoli che si suppone parlassero la lingua proto-indoiranica che poi, separatisi in indoari e iranici, ebbero come rispettiva lingua sacra il sanscrito e l'avestico. In sanscrito il termine देव (*deva*) è aggettivo che significa divino, o sostantivo che indica un dio. Nella lingua avestica i ꝺꝷ (*daēva*) sono invece dei demoni. Nelle *Upaniṣad* e nei *Purāṇa*, testi sacri indiani, si narra della lotta tra i deva e gli असुर (*asura*), divinità con caratteristiche demoniache che nel mondo iranico, con il nome di ꝺꝷ (*ahura*), assunsero invece connotati solari. È scritto nel *Bṛhadāraṇyaka Upaniṣad* (1, 3, 1):

> *Duplice fu la stirpe di Prajāpati* (Signore delle creature): *i Deva e gli Asura. Di costoro i Deva* (gli dei) *erano i più giovani e gli Asura* (anti-dei) *i più antichi. Tra essi nacque contesa per il dominio del mondo.*

Due popolazioni, un tempo unite, nel dividersi parteggiano per un diverso schieramento di divinità figlie dello stesso padre. I nuovi dei combattono i più antichi. Agli occhi degli indoari, i Deva rappresentano il Bene e gli Asura il Male. L'opposto è creduto dagli iranici. Come spesso accade, ciò che si reputa essere bene o male dipende dai punti di vista.

Il termine *deva* deriva dalla radice indoeuropea *div-*, "brillare, splendere". Alcuni dizionari ritengono che anche il latino *dĕus*, da cui l'italiano dio, derivi dalla stessa radice. Affine anche a *dies*, "giorno". La luce è divina. La luce è però offerta anche da Lucifero, dal latino *lucĭfer*, composto di *lux*, "luce", e *fĕro*, "portare". La parola demone viene invece dal greco δαίμων (*daímōn*), "demone", ma anche "genio", un essere divino che Socrate riteneva lo avesse spronato a diventare filosofo. Alcune ipotesi si spingono a ricavare *daimon* dall'avestico *daēva*, anche esso ovviamente derivato da *div-*, splendere. Se così fosse avremmo chiuso il cerchio e l'eterna lotta tra il Bene e il Male non sarebbe battaglia tra la luce e l'ombra, bensì contesa tra distinti esseri luminosi.

A voi scegliere in cosa credere. Ma solo se accettate di essere degli eretici.

I MOSTRI NELL'OSCURITÀ

Ciò che è oscuro, dal latino *obscurus*, è innanzitutto ciò che è scarsamente illuminato. Ne consegue che l'oscuro è non conosciuto, difficilmente interpretabile, misterioso. Le tenebre, dal latino *tĕnĕbrae*, sono avvolte dalla più totale oscurità e ciò ci spaventa. Dallo spavento al ritenere che tenebre e oscurità siano la sede stessa del male il passo è breve. Ciò avviene con un ragionamento che potrebbe sembrare logico ma che, a ben vedere, non è che un sillogismo.

Il sillogismo, dal greco συλλογισμός (*sullogismós*), composto di σύν (*sún*), "insieme", e λογισμός (*logismós*), "calcolo", quindi propriamente "connessione di idee", è un tipo di ragionamento teorizzato da Aristotele, in base al quale da due premesse tra loro collegate deriva una conclusione. Se però le premesse non sono certe ma solo probabili la correttezza del ragionamento è in forse e il sillogismo si dice retorico o dialettico. Da premesse solo ipotetiche deriva invece il sillogismo eristico, o sofistico, da cui deriva l'accezione di ragionamento capzioso, che trae in inganno, come nel nostro caso.

Infatti l'affermazione che ciò che ci spaventa sia il male non è che un'ipotesi. L'assenza di luce ci impedisce di vedere. Se nell'oscurità si viene feriti potrebbe essere a causa di una forza maligna ma si potrebbe anche essere inciampati in qualcosa che del nostro inciampo non ha alcuna responsabilità. Finché si è sul piano fisico non mancano gli strumenti per verificare. Strumenti che sono però assenti nella dimensione metafisica, dove è alto il rischio che a parlare siano i nostri timori, le nostre paure o i nostri desideri.

Nel primo canto dell'Orlando Furioso, la bella Angelica, dice al saracino Sacripante di essere ancor vergine e l'Ariosto commenta che, per quanto implausibile ciò fosse, fu da lui creduto poiché *"il miser suole dar facile credenza a quel che vuole"*. Vero è che si può facilmente credere a ciò che si desidera, ma con ancor maggiore semplicità si tende a credere a ciò che ci spaventa. Desideri e paure sono pesi che sul piatto della bilancia ci spingono a confidare in qualcosa assai più di quanto non facciano le oggettive informazioni di cui si dispone a riguardo. L'oscurità, di cui pochissimo si sa, si presta bene a essere lo schermo su cui proiettare le nostre paure.

Ecco che, magicamente, nel nostro immaginario le tenebre si popolano di mostri. Si crede che vi siano i mostri proprio perché non si può aver prova che non vi siano. Anche però ammettendo che vi siano, siamo così sicuri che siano cattivi? Il termine mostro viene dal latino *monstrum* che originariamente significa "portento, prodigio", accezione che si ritrova nella locuzione "un mostro di bravura". Poi, per paura, o per invidia, siamo finiti col caratterizzare come negativo ciò che appare diverso dall'ordinario.

Eppure dovremmo ricordarci di quando da bambini avevamo paura del buio e per dormire ci veniva lasciata la luce accesa. Quando ci è stata spenta, per proteggerci ci nascondevamo sotto le coperte. Finché un giorno ci siamo degnati di guardare i mostri negli occhi e essi si sono dissolti, oppure quelli che sono rimasti ci sono apparsi meno orrendi di come temevamo che fossero e con alcuni abbiamo forse perfino fatto amicizia. A volte mi capitano pazienti – giunti a me per tutt'altra motivazione – cui i genitori non hanno mai spento la luce, né loro l'hanno poi spenta una volta divenuti adulti. Il risultato è che vivono ancora nella paura del buio.

Per superare la paura dell'oscurità, delle tenebre, dei mostri o del diverso, dobbiamo famigliarizzarci. Ciò che si conosce è quasi sempre meno male di quanto si teme.

E LE STELLE STANNO A GUARDARE

Il titolo di questo capitolo è lo stesso di un libro dello scrittore scozzese Archibald Joseph Cronin. Nel romanzo le stelle restano testimoni impassibili delle ingiustizie ambientate in una comunità di minatori. Un tempo però alle stelle era attribuita un'influenza attiva sulla vita degli uomini e di ciò rimane traccia nel linguaggio.

Considerare è letteralmente "osservare gli astri per trarne gli auspici", da *con-*, "assieme", e *sidus*, "stella". Nessuna attenta disamina delle possibilità sarebbe un tempo stata pensabile senza consultare le stelle. Farlo avrebbe certamente provocato un disastro, composto di *dis-* (con valore negativo) e *astrum*, "stella". Quando poi si smette di contemplare le stelle si sente la mancanza di ciò che è piacevole, buono e necessario, se ne prova il desiderio, da *de-*, "via da", e *sidus*, "stella". La stella polare indicava il nord ai naviganti e, in senso figurato, indica oggi a noi quale direzione seguire nelle scelte di vita.

Se uno spazio è pieno di tanti elementi lo si può dire costellato, come il cielo è pieno di stelle. Prima dell'illuminazione notturna tutti potevano vederle. Unendo tra loro alcuni di questi "puntini luminosi" si formano le costellazioni. Vere o presunte che siano le influenze astrali sulla vita umana, certo è che la disciplina che le studia è molto antica e diffusa in tutto il mondo. L'astrologia, oltre alle costellazioni, studia il transito dei pianeti. Il termine però include anche il Sole e la Luna, mentre non comprende la Terra, in relazione alla quale tutti gli altri corpi celesti sono considerati.

L'astrologia classica prendeva in considerazione sette pianeti: Sole, Luna, Mercurio, Venere, Marte, Giove, Saturno. Ogni giorno della settimana (sebbene non in quest'ordine), corrisponde a un pianeta e alla divinità che vi è associata. Da ognuno dei pianeti/divinità deriva un aggettivo che descrive distinti aspetti psicologici.

La persona solare, come il Sole, è luminosa, radiosa, esprime serenità, gioia e bellezza. Mentre chi è lunatico ha un carattere volubile, instabile, e un umore incostante e facile ad alterarsi, come la Luna che cambia ogni giorno. Mercuriale è un aggettivo desueto ma sui dizionari più completi è ancora registrato come "vivace, scaltro". Anche venereo è oggi raro per indicare una persona lussuriosa, rimane però comune per riferirsi all'atto intimo e alle malattie contraibili. Chi invece "manca di qualche venerdì" è persona strana, bislacca, un po' pazza.

Marte è il dio della guerra e marziale si riferisce quindi ad aspetti associati: battagliero, impavido, militaresco, autoritario. Poi ci sono i marziani, ipotetici abitanti del pianeta Marte, e marziano è anche chiamato chi si comporta come se venisse da un altro mondo, ignaro dei nostri usi e costumi.

Una persona gioviale è invece abitualmente allegra, simpatica e affabile. Nella mitologia romana Giove è divinità del cielo e della luce e forse questo spiega perché i significati dell'aggettivo derivante assomiglino a quelli di solare. Un tipo saturnino è invece, al suo opposto, meditabondo, malinconico, triste.

Con le scoperte di Urano, Nettuno e Plutone, l'astrologia moderna ha per lo più incluso le influenze di tali astri. Ma è fatto troppo recente perché nella lingua si riscontrino aggettivi che descrivono il carattere che ne deriverebbe. Anche se gli aggettivi comunque esistono, solo che si riferiscono ad altri aspetti. Nella mitologia greca, Urano era il dio del cielo, uranico significa quindi "del cielo" ed è attributo delle divinità celesti, in contrapposizione a quelle della terra e degli inferi. Iperuranio è lo spazio "oltre il cielo", secondo Platone sede delle realtà assolute. Nella mitologia romana, Nettuno era dio delle acque e del mare e nettunio è termine raro che significa marino. Per i greci, Plutone era il dio degli inferi e plutonico è termine letterario per infernale, buio, tetro, sotterraneo.

Proprio della Terra è ciò che è terreno che, se contrapposto a ciò che è celeste, significa materiale, mondano, profano. Noi esseri umani siamo abitanti della terra. Tant'è che la parola uomo, dal latino *hŏmo*, viene da *hŭmus,* 'terra'. L'uomo è creato dalla terra, formato dal suo fango secondo la Bibbia. In italiano humus è lo strato superficiale del terreno boschivo, molto fertile perché ricco di sostanze organiche in decomposizione. Nel suo senso figurativo, humus è l'insieme dei fattori sociali, culturali o ideologici che favoriscono lo sviluppo di idee o di eventi. Dal latino *hŭmus* deriva anche *humĭlis*, "poco elevato da terra" da cui l'italiano umile.

L'origine in comune dovrebbe suggerire all'uomo di essere umile, ma spesso così non è. L'essere umano, dimenticando le sue origini, rischia facilmente di peccare di *hybris* (ὕβρις), "insolenza, tracotanza", nei confronti degli dei. Atteggiamento che sovente attira la punizione divina. Perfino da una prospettiva laica la *hybris* umana appare comunque stupida e dalle conseguenze prevedibili. La nostra società moderna, ad esempio, pur non essendo sempre capace di far funzionare una rete ferroviaria in condizioni di meteo avverso, sogna l'immortalità e progetta il transumanesimo. Ho pochi dubbi su come andrà a finire.

ANIMA E SPIRITO

Abitanti della terra sono anche gli animali, dal latino *anĭma*, "anima". Curioso che le creature animate, dotate di anima per definizione, siano poi state viste come prive di anima. Ma la colpa è anche della grande confusione che vige sul termine.

Anima, in latino, è anche "soffio, vento", come *anĭmus*, da cui animo, affine al greco ἄνεμος (ánemos), sempre "soffio, vento". Il concetto di soffio come spirito vitale è presente anche in *spirĭtus*, "soffio, respiro", quando è particolarmente presente si dice che una persona è ispirata, chi invece esala l'ultimo respiro è spirato. Psiche, dal greco ψυχή (*psykhḗ*), "anima", viene da ψύχω (*psýkhō*), "soffiare". "Soffio, vento, spirito" corrispondono anche al greco πνεῦμα (*pneuma*) e, nel Cristianesimo, il termine pneuma è stato scelto per tradurre l'ebraico רוח (*ruah*), anche esso significante "vento, spirito". In sanscrito आत्मन् (*ātman*) è (anche) "soffio vitale, respiro". Similmente प्राण (*prāṇa*) significa "respiro, vita, energia vitale, spirito".

Non ci sono dubbi che il respiro sia essenziale alla vita, né sembrano esservene che, secondo molte tradizioni, il soffio vitale generi in noi la parte "meno materiale". Sia materia che madre vengono dal latino *mater*, originariamente "tronco dell'albero" da cui spuntano i polloni. Madre natura. Parlando dei nostri figli, *"mater semper certa est"* e oggi (grazie alle tecniche di comparazione del DNA) non si può più dire che *"pater autem incertus"*. Tutt'altro che certo appare invece cosa sia il soffio vitale e, visti i suoi molti nomi, se sia uno solo.

Aristotele, nel suo libro sull'anima, riporta le opinioni dei suoi predecessori. Poi parte dal constatare che il carattere distintivo di ciò che è animato, rispetto all'inanimato, è la vita. Gli esseri viventi non dispongono però tutti delle stesse funzioni (nutritiva, sensitiva, motrice, intellettiva). Sorge quindi la domanda se in ogni essere vivente, a seconda della specie, vi sia un'anima con funzioni diverse o se vi siano più anime cui pertengono diverse facoltà. L'anima intellettiva, *νοῦς* (*nous*), "mente, intelletto, spirito", viene poi distinta in *nous pathetikos*, "intelletto passivo", che subisce le influenze dei sensi, e "*nous poietikòs*, "intelletto attivo", che è definito come: "*separato, impassibile, non misto con altri elementi, attivo per essenza* [...], *immortale e eterno*" (iii 5, 430a 17–23).

La distinzione fatta da Aristotele suggerisce che una parte dell'anima abbia natura diversa da altre sue parti, pur non arrivando ad affermare che si tratti di due entità nettamente distinte. Come sostengano invece in modo esplicito la quasi totalità delle filosofie indiane, per le quali l'essere umano ha più corpi sottili (anime), e alcune tradizioni occidentali, come quella gnostica. Almeno finché il Cristianesimo, col Concilio di Costantinopoli del 869-870, colpisce con anatema i fautori dell'idea che nell'uomo esistano due anime (anima e spirito).

Da allora in Occidente, salvo che nei testi esoterici che recuperano insegnamenti antecedenti, le coppie di termini "anima e spirito", "*anĭmus* e *spirĭtus*", "*psyché* e *pneuma*", diventano per lo più termini intercambiabili. Infine la modernità ha appiattito il concetto di anima/spirito a quello di mente e oggi alcuni autori giungono perfino a ritenere che la mente stessa sia nient'altro che un epifenomeno della materia. Il riduzionismo è servito.

TRA RELIGIONE E SPIRITUALITÀ

Tra i concetti di religione e di spiritualità esiste una relazione spesso non chiara. Talvolta i termini sono usati come sinonimi, più spesso vengono distinti secondo la propria personale sensibilità. Il che rischia di provocare vaghezza e confusione. Meglio riflettere sui significati associati alle parole.

La parola religione viene dal latino *relĭgio* e fin qui non ci sono dubbi, mentre l'etimologia del termine latino non è certa. Già nell'antichità vi erano almeno tre ipotesi. Secondo Cicerone la parola deriva da *relegĕre*, composto dal prefisso *re-* (per indicare frequenza) e da *legĕre*, "leggere, raccogliere, scegliere", avente quindi i significati di guardare con attenzione, avere riguardo, avere cura, ripercorrere, rileggere. Similmente Sant'Agostino deriva il termine da *religĕre*, composto dal prefisso *re-* (con valore intensivo) e da *elĭgĕre*, "scegliere", quindi scegliere nuovamente. Lattanzio ritiene invece che derivi da *religāre*, composto dal prefisso *re-* (con valore intensivo) e da *ligāre*, "unire insieme, legare", da cui i significati di riunire (col divino) e di legame con l'insieme degli insegnamenti della tradizione di appartenenza.

Le tre ipotesi non sono tra loro antitetiche e possono convivere. Sebbene oggi l'accento sia più comunemente posto sul concetto di legame. Ad esempio, un noto vocabolario riporta il lemma come avente due accezioni:

a) *Complesso di credenze, sentimenti, riti che legano un individuo o un gruppo umano con ciò che esso ritiene sacro, in particolare con la divinità.*

b) *Il complesso dei dogmi, dei precetti, dei riti che costituiscono un dato culto religioso.*

Va comunque evidenziato che per alcuni il legame religioso non è positivo, data l'antitesi concettuale che esiste tra legame e libertà. Ad esempio, già Lucrezio, nel *De rerum natura*

(5, 114), scrive di *"religione refrenatus"* per indicare chi, legato ad essa e quindi non libero, è frenato nella libera ricerca filosofica.

L'accezione di ricongiungimento con una dimensione altra e superiore è contenuta anche nello yoga, in sanscrito योग (*yóga*), da युज् (*yúj*), "giogo, unione", e da घञ् (*ghañ*), nella sua forma abbreviata -अ (*-a*), suffisso che indica compimento e azione (in modo analogo all'inglese *-ing*). Yoga pertanto significa "unione, aggiogamento". Una sottomissione che, come la religione, anche se tramite un percorso profondamente diverso, offre – o quantomeno promette – comunione col trascendente. Il termine sanscrito per riferirsi agli aspetti morali e normativi della religione è invece धर्म (*dhárma*), "moralità, legge divina", dalla radice धृ (*dhṛ*), "preservare, sostenere".

La parola spirituale, attraverso il latino *spiritualis*, viene da *spirĭtus*, "soffio, respiro, spirito vitale", quindi ciò che pertiene lo spirito. Ma non è così semplice poiché convivono accezioni diverse, come ad esempio è riportato in un vocabolario:

a) *Che è immateriale, esente da materialità, che appartiene alla sfera dello spirito.*

b) *Proprio dello spirito, inteso come complesso e centro della vita psichica, intellettuale e affettiva dell'uomo.*

c) *Proprio della sfera religiosa, mistica e ascetica.*

L'ultima accezione associa esplicitamente l'aggettivo alla sfera religiosa, mentre nelle precedenti non vi è necessariamente legato.

Si potrebbe derivarne che la spiritualità possa esistere senza la religione, mentre la seconda non dovrebbe. Il che ritengo sia vero per una religiosità che si possa considerare realmente tale; ma è innegabile che esistano anche atteggiamenti religiosi, di facciata, che spirituali non sono.

Comunque sia, in tempi recenti, studiosi, psicologi e sociologi hanno sentito il bisogno di meglio definire concetti così rilevanti per la vita di milioni di persone. In altri miei libri ho approfondito il tema, e lì riporto con rigore le fonti dalla letteratura scientifica. Qui mi limito a citare una definizione che identifica spiritualità e religione come, rispettivamente, *"direct experience and its interpretation"*, l'esperienza diretta e la sua interpretazione.

Che si preferisca compiere un percorso guidato e rigoroso o attingere da vari insegnamenti, dai quali mutuare volta volta ciò che "risuona" in noi, meglio ricordare il detto orientale secondo cui *"quando il saggio indica la luna, lo stolto guarda il dito"*. Per non essere noi gli sciocchi, non si dovrebbero prendere le cose troppo alla lettera.

Meglio anche non dare credito all'assurda teoria per la quale tutte le religioni in fondo direbbero la stessa cosa. Niente potrebbe essere più falso. Spiegare perché ci porterebbe troppo lontano dal tema di questo libro, per cui anche questa volta rimando a altri miei scritti, oppure – e ancor meglio – invito ad approfondire direttamente dai vari testi sacri. Si scopre così che non solo vi è profonda differenza di obiettivi ma anche che tecniche, solo in apparenza simili, sono in realtà praticate per scopi diversi.

MEDITATE GENTE, MEDITATE

Giacomo Leopardi, nello *Zibaldone*, in un appunto del 5 settembre 1823, scrive che *"nisi me omnia fallunt, il verbo meditor è un verissimo e perfettissimo continuativo di medeor. Continuativo pel significato, e continuativo per la forma e la derivazione"* e – dopo aver argomentato la comune origine dei termini medico e meditazione – conclude chiedendo: *"chi non vede che l'esercitare e il meditare una cosa è una continuazione del semplice averne o pigliarne cura?"*

Al giorno d'oggi temo non molti. Per me, che sono psicoterapeuta, la relazione tra prendermi cura dei miei pazienti e, per riuscirvi, entrare in uno stato di coscienza meditativo è invece chiara. Diversamente non si attiva l'attenzione necessaria al contatto profondo tra paziente e e terapeuta. Bisogna stare in un flusso e per entrarvi è richiesto un atteggiamento diverso da quello ordinario.

Meditare, abbiamo detto, deriva dal latino *meditāri*, iterativo di *medēri*, "curare", affine al greco μέδομαι (*médomai*), "provvedere, pensare, essere consapevoli". Nei dizionari più vecchi il lemma presenta le accezioni di:

a) *Esaminare con attenzione un problema, un argomento, specialmente di natura filosofica o religiosa, considerandone tutti gli aspetti.*

b) *Progettare, concepire, ideare qualcosa che si intende realizzare.*

Meditazione è azione ed effetto del meditare: "una riflessione profonda", ma anche "pratica ascetica di raccoglimento in preghiera, riflettendo sulle verità della fede". Solo in tempi recenti i termini meditare e meditazione assumono il significato, oggi diffuso, di pratica spirituale che segue le indicazioni di una, o di altra, filosofia o religione di origine prevalentemente orientale (ma non solo).

LE PAROLE E LA PSICOLOGIA

In realtà molte sono le pratiche arbitrariamente riunite sotto il termine cappello di meditazione. Tutte hanno in comune lo sforzo consapevole di mantenere l'attenzione costante su uno specifico oggetto di meditazione, che può essere sia interno al soggetto, come il proprio respiro o i propri pensieri, sia esterno, ad esempio dei suoni. Sforzo che dovrebbe essere senza sforzo, apparente paradosso tipico del pensiero orientale sul quale torneremo in apposito capitolo.

Quanto agli altri aspetti, a seconda della tradizione di riferimento, la meditazione può svolgersi seduti, sdraiati o in piedi; immobili, camminando o danzando; in posizione comoda o in complicate आसन (*āsanā*), specifiche posture; da soli o in gruppo; in silenzio, recitando dei मन्त्र (*mántra*), o cantando; svuotando la mente, visualizzando determinate immagini, o semplicemente osservando il normale flusso dei pensieri; in momenti ad essa dedicati, in occasione di rituali, o durante lo svolgimento delle normali attività quotidiane; e può focalizzare l'attenzione su aspetti diversi: dall'osservazione del respiro, alle sensazioni corporee, a specifiche questioni, e a molti altri oggetti di meditazione.

Diverse sono anche le finalità che determinate tradizioni si propongono di raggiungere con la pratica meditativa. Gli obbiettivi più immediati possono essere la concentrazione, la contemplazione di sé, di un qualche specifico aspetto, di una tematica o dell'intero flusso mentale, oppure il rilassamento. Mentre gli obiettivi a più lungo termine possono essere la comprensione dell'impermanenza di tutte le cose e dell'inesistenza di un Sé individuale, आत्मन् (*ātman*); placare la mente, fino a interromperne il flusso dei pensieri; ottenere dei poteri, सिद्धि (*siddhi*); rendere stabile la condizione di rilassamento. Lo scopo finale può essere quello di interrompere la condanna della reincarnazione, uscire dalla ruota del संसार (*Saṃsāra*) e ricongiungersi nel निर्वाण (*Nirvāṇa*); comprendere che l'esistenza stessa non è che माया (*māyā*), un'illusione; cercare l'immortalità; vivere una vita serena.

In epoca moderna, da alcuni chiamata *New Age*, Nuova Era, sono frequenti sincretismi religiosi di ogni tipo, commistioni tra sciamanesimi amazzonici, nativi americani e/o siberiani, con influenze cristiane, buddhiste, induiste, o di altra derivazione. Fusioni, o talvolta confusioni, che prendono il nome di sincretismo religioso. Il termine sincretismo deriva dal greco συγκρητισμός (*sugkrētismós*), composto di σύν (*sun*), "con, insieme", e Κρήτη (*Krétè*), "Creta". Con perciò il significato originario di "coalizione dei Cretesi", abitualmente in lotta fra di loro, contro un nemico comune. La storia ci racconta che per un po' ha funzionato poi, per secoli, Creta è passata da un'occupazione straniera all'altra.

Non è raro che pratiche meditative esplicitamente pensate per un dato obiettivo siano utilizzate con altre finalità da chi in seguito le ha adottate. Ad esempio la cosiddetta *Mindfulness*, mutuata dal Buddhismo, è oggi praticata con lo scopo di rilassarsi e migliorare la qualità della vita. Come nella versione originale, la pratica inizia con una concentrazione sul respiro, *Śamatha*, che è propedeutica alla meditazione vera e propria, *Vipaśyanā*, che consiste, ad esempio, nel portare sistematicamente l'attenzione a ogni parte del proprio corpo ed è volta a "vedere le cose come realmente sono" cioè, secondo tale visione, impermanenti e in noi prive di un Sé individuale.

La moderna laicizzazione di tale pratica meditativa non si è però limitata a eliminare i riferimenti a ogni aspetto religioso del Buddhismo, ha anche dimenticato che l'obiettivo finale di questa tecnica consiste nell'interruzione della ruota del *Saṃsāra* e il conseguente ricongiungimento col *Nirvana*. Scopo ben diverso dal rilassarsi e vivere meglio. Ciò non implica che la tecnica non possa funzionare anche per finalità differenti. Come per le parole però, meglio essere consapevoli di quali sono le origini dei percorsi che si sceglie di seguire.

GIUDICARE LA SOSTANZA

Sostanza, dal latino *substantia*, deriva da *substare*, "stare sotto", in analogia al greco ὑπόστασις (*hupóstasis*), composto di ὑπό (*hupo*), "sotto", e στάσις (*stásis*), "lo stare". Entrambi i termini, sostanza e ipostasi, nel pensiero filosofico, si riferiscono inizialmente all'essenza delle cose, ciò che si trova sotto alla superficie e quindi oltre le apparenze.

In chimica e biologia, una sostanza è un determinato composto di molecole, organiche o inorganiche. Le sostanze che si assumono possono prendere il nome di alimenti, droghe o farmaci. Alimento viene dal latino *aliměntum*, derivato di *alěre*, "nutrire". Droga viene forse dall'olandese *droog*, "cosa secca". Farmaco deriva invece dal greco φάρμακον (*phármakon*), "medicina, veleno". Il duplice aspetto, benefico o venefico, di un farmaco dipende a volte dal quantitativo assunto. Perfino l'acqua, indispensabile alla vita stessa, se assunta in quantità esorbitanti può provocare la morte di un individuo.

Anche droga, come farmaco, può riferirsi a sostanze benefiche o relativamente innocue, come ad esempio le spezie per aromatizzare le pietanze, o a sostanze tossiche. Dal droghiere si acquistano le spezie e altri generi alimentari. Uno spaccio rivende al pubblico varie merci, tra cui anche cibarie. Ma se un tipo dall'apparenza poco raccomandabile spaccia sostanze illegali, allora si tratta di un reato.

Quali sostanze siano o meno illegali dipende chiaramente dalle leggi in essere e il razionale su cui si basa la loro messa al bando non si può dire sia condiviso in ogni nazione e epoca storica. A volte gli effetti di una sostanza, pur da tutti riconosciuti, sono valutati in modo diverso. Ad esempio la cannabis, proibita in molti stati, in alcuni perfino punita con la pena di morte, è legale in altri e, in contesti culturali come lo Shivaismo indiano, è raccomandata al discepolo per i suoi effetti ritenuti utili, se non necessari, al percorso spirituale.

Ad altre piante, come ad esempio il tabacco, sono attribuiti effetti addirittura antitetici: curativi secondo le tradizioni amazzoniche, tossici secondo la scienza moderna. La sostanza scientificamente più dannosa, sia per chi l'assume che per la società, è da molti studi scientifici ritenuta essere l'alcol, che ciò nonostante è legale in tutto l'Occidente.

La distinzione tra sostanze legali e illegali non può comunque dirsi sufficiente a comprendere la natura di una droga. Meglio riferirsi alle categorie nelle quali vengono solitamente inserite le varie sostanze incriminate. Per quanto anche esse siano a volte un po' strette, quantomeno raccontano qualcosa degli effetti provocati. Le sostanze psicoattive sono suddivisibili in:

- Narcotici: oppiacei e derivati;
- Stimolanti: cocaina, amfetamine, e sostanze legali come caffè, tè, tabacco, ginseng, e tante altre;
- Dissociativi: ibogaina, salvinorina, ketamina;
- Delirogeni: stramonio, belladonna, mandragora;
- Empatogeni o entactogeni: MDMA (meglio conosciuta come *ecstasy*);
- Psichedelici: LSD (Dietilamide dell'acido lisergico), ergina o LSA (Ammide dell'acido lisergico), mescalina, psilocina e psilocibina, bufotenina, DMT (N,N-dimetiltriptammina), fumata pura, o ingerita insieme a un inibitore MAO (monoaminossidasi), come nell'Ayahuasca;
- Con effetti estremamente variabili che, in funzione della dose e della sensibilità individuale, possono essere narcotici, soporiferi, stimolanti, afrodisiaci, disinibitori o psichedelici: cannabis e alcol.

Narcotico viene dal greco ναρκωτικός (*narkōtikós*), "che fa intorpidire". Un torpore dimentico delle difficoltà della vita che facilmente crea una dipendenza molto pericolosa. Invece stimolante è participio presente del verbo stimolare, che dà stimolo, dal latino *stimŭlus*, "pungolo, incitamento". Lo stimolo era un tempo il bastone terminante con una punta, utilizzato per incitare i buoi o altri animali da lavoro. La nostra specie, a quanto ne so, è l'unica i cui membri desiderano stimolare se stessi.

Nella categoria psichedelica sono a volte incluse anche sostanze che più propriamente andrebbero chiamate dissociative (che provocano dissociazione nella psiche), delirogene (che inducono deliri) e empatogene (che provocano empatia) o entactogene (che generano un contatto interiore). Si tratta di sostanze in grado di indurre secondariamente anche effetti psichedelici ma che sono primariamente caratterizzate da altre alterazioni e da un ben diverso profilo di sicurezza.

Psichedelico è un termine coniato dallo psichiatra Humpry Osmond in un confronto epistolare con lo scrittore Aldous Huxley, dall'unione di ψυχή (*psyché*), "anima", e δῆλος (*delos*), "manifesto", col significato di "rivelatore della psiche". Precedentemente, per tale categoria di sostanze erano stati utilizzati i termini: phantastica (induttori di stati fantastici), allucinogeni (che provocano allucinazioni), psicodislettici (che provocano modifiche qualitative della psiche), psicotomimetici (che mimano lo stato psicotico), psicolitici (che dissolvono la psiche, favorendone la fuoriuscita di materiale inconscio).

Successivamente, tali sostanze sono state chiamate anche enteogeni e tanatodelici. Il termine enteogeno è formato da ἕν (*en*), "dentro", θεος (*theos*), "dio", e γενέσθαι (*genesthai*), "venire ad essere", e ha quindi il significato di "sostanza che rende possibile contattare il divino in sé". Tanatodelico, sul calco di psichedelico, è invece formato da Θάνατος (*Thanatos*), "personificazione della morte", e δῆλος (*delos*), "rivelare", con riferimento al cambiamento di prospettiva osservato in malati terminali trattati sperimentalmente con tali sostanze.

Nessun'altra categoria di sostanze ha ricevuto così tanti nomi, segno della difficoltà di rapportarsi a effetti così diversi da quello che viene chiamato stato ordinario di coscienza.

Sostanze straordinarie, certo stupefacenti, nel senso etimologico di "capaci di produrre stupore", ma per molti aspetti diverse dalle altre droghe illegali. Innanzitutto perché gli psichedelici veri e propri espandono la coscienza e lasciano poi un nitido ricordo dell'esperienza. Inoltre, tendenzialmente non provocano dipendenza e offrono un ottimo profilo di sicurezza, purché non vengano mescolati con altre sostanze e siano assunti in setting controllati.

In altri miei scritti (vedi ad esempio *Psicologia di Segnale*) ho riportato le fonti scientifiche a sostegno delle mie affermazioni. Ad essi rimando chi ne dubitasse, poiché qui mi sono ripromesso di mantenere uno stile più semplice e discorsivo.

QUESTIONE DI STILE

La parola stile viene dal latino *stĭlus*, "stilo per scrivere", piccola asta appuntita, in osso o metallo, per incidere sulle tavolette cerate. Ma anche "stelo, gambo, fusto", in affinità col greco στῦλος (*stulos*), "colonna", attestato anche dalla variante grafica *stylus*, con rimando alla forma affusolata, da cui, oltre a penna (stilo), deriva anche un tipo di pugnale (stilo, stiletto) e lo stelo, fusto delle piante erbacee.

Lo stile che qui ci interessa deriva dalla scelta degli elementi linguistici che compie chi scrive. Da cui derivano le accezioni di:

a) *Modo abituale di essere, di esprimersi, di comportarsi.*

b) *Modo abituale di abbigliarsi caratteristico di una persona.*

c) *Eleganza, signorilità, distinzione.*

d) *Eleganza nella composizione o nell'esecuzione di un'opera.*

e) *Modalità di esecuzione di un brano, musicale, teatrale o altro.*

f) *Foggia di un abito.*

g) *Complesso dei caratteri specifici di un oggetto che ne individuano l'epoca di produzione, la provenienza e altri aspetti.*

Se lo stile di una persona, di come si esprime, si abbiglia e altro, dipende dal suo modo di raccontarsi vediamo cosa significa.

Raccontare deriva da *ra-* (rafforzativo) e contare, nella sua accezione letteraria e desueta di "dire, narrare". Narrare viene invece dal latino *narrāre*, da *gnārus*, "esperto, consapevole". Ignaro infatti è chi non sa. Le narrazioni dovrebbero essere riservate a chi sa cosa dice. Ad ogni modo, sia raccontare che narrare sono neutri riguardo alla modalità, fintanto che non assumono lo stile peculiare del narratore, o quello tipico di un genere letterario.

Poesia, attraverso il latino *pŏĕsis*, viene dal greco ποίησις (*póiēsis*), "produzione", derivato di ποιέω (*poiéō*), "fare, produrre". Eppure oggi l'attività poetica e dai più vista come un passatempo, magari piacevole ma certamente non utile. Quali che siano i percorsi linguistici del termine, io credo però che non si tratti unicamente di riconoscere il significato di fare, nel senso di comporre dei versi. Piuttosto è utile comprendere che con quei versi si crea anche la propria visione del mondo e che ciò è ben più "fattivo" di quanto usualmente ci rendiamo conto.

Prosa è invece dal latino *prōsa*, "che va in linea retta". Certamente nel senso che non va a capo ad ogni verso, ma forse anche ad indicare che va dritta al punto, senza perdersi nelle regole metriche e negli abbellimenti della poesia. Ciò può certamente costituire un merito di chiarezza, ma talvolta rischia di divenire prosaico, ovvero "privo di poesia, di sentimento, di ideali, incapace di trascendere gli aspetti materiali della vita, e quindi meschino, banale e volgare". A volte la prosa è necessaria ma, pur senza andare a capo o parlare in rima, bene sarebbe non rinunciare mai a ricercare una stile più elevato.

Alcuni (più spesso alcune) desiderano che gli si parli o scriva con uno stile romantico. Pochi però sanno che il termine romantico deriva dalla letteratura, non viceversa. Romantico entra in italiano dall'inglese *romantic*, prestito dal francese *romantique*, che originariamente significava "pittoresco, romanzesco, inverosimile", come appunto le storie narrate nei romanzi (romantiche) apparivano alla sensibilità dell'epoca.

Tra romanzo, romantico e Romanticismo vi è un po' di confusione. Partendo dal principio, il termine romanzo viene dalla locuzione *romanĭce loqui*, "parlar romano", e quindi non barbaro ma neppure esattamente latino, bensì una lingua derivata, romanza appunto. La lingua che parlava il popolo e che, se scritta, era utilizzata quasi esclusivamente per temi leggeri, racconti, e non saggi, ai quali era riservato il latino. Così romanzo diviene anche il nome di un tipo di produzione letteraria, non in versi, più lungo del racconto e, soprattutto, di immaginazione. Poi col Romanticismo (il movimento culturale, letterario e artistico sorto tra la fine del XVIII e l'inizio del XIX secolo) l'immaginario si impregna ancor più del sentimentalismo che caratterizza l'aggettivo romantico.

Essere romantici, quantomeno oltre una certa misura, non è spontaneo e naturale, bensì culturalmente condizionato. I movimenti culturali, letterari e artistici cambiano non solo la cultura ma anche le future aspettative delle persone. Come l'Illuminismo e il Positivismo hanno creato e diffuso una fede nella ragione e nella scienza, prima niente affatto comune nella popolazione, così il Romanticismo ha promosso l'atteggiamento romantico, che prima sarà certamente esistito ma come eccezione, non come aspettativa di normalità.

Normale è un termine sul quale merita soffermare l'attenzione. Deriva dal latino *nŏrma*, "squadra, strumento di misura", e normale è inizialmente ciò che è perpendicolare a essa. Poiché costruire "a squadra" è la regola, altro strumento di misura, normale assume anche i significati di "ben fatto, secondo norma, legge", e di "diffuso, regolare". Normale è anche il nome dato in statistica a quella distribuzione di eventi osservati che si dispongono seguendo la caratteristica forma a campana della curva gaussiana, ovvero con la maggioranza dei soggetti che mostrano un valore prossimo a quello medio. Sono moltissimi gli aspetti, sia fisici che comportamentali, sia in natura che nella nostra specie, che sono ben descritti da una gaussiana, motivo per cui è anche chiamata normale.

Come abbiamo visto però nel termine normale convivono e si confondono sia le accezioni di ben fatto che quella di diffuso. Ecco perché una statistica, che inizialmente vuole essere solo descrittiva, quasi senza accorgersene diventa anche prescrittiva. Tanto che normale è anche sinonimo di sano e anormale di patologico. Nei manuali diagnostici psichiatrici, come il DSM (Manuale Diagnostico Statistico), gli aspetti più diffusi sono considerati di riferimento e discostarsene è visto come non sano. Paradosso è che, ad esempio, secondo questo principio, una società che praticasse regolarmente la pedofilia la considererebbe normale non solo nell'accezione di diffusa ma anche in quella di norma di riferimento al sano comportamento.

Ehm, no, la maggioranza non ha sempre ragione per il semplice motivo di essere maggioranza. Sarebbe bene ricordarselo più spesso.

Quanto allo stile, piuttosto che mutuarlo acriticamente dal gruppo di appartenenza, meglio sarebbe riflettere accuratamente sul perché di ogni scelta stilistica e, ciò facendo, piano piano, con consapevolezza, creare il proprio stile personale, a prescindere da ciò che gli altri si attendono.

NIENTE SLOGAN, PER PIACERE

La parola slogan è un anglicismo entrato nella nostra lingua col suo originale significato di "breve frase, incisiva e sintetica, per lo più coniata a fini pubblicitari o di propaganda politica". Il termine viene dal gaelico *sluaghghairm*, composto di *ghairm*, "grido", e *sluagh*, "guerra". Un grido di battaglia che non è fatto per pensare, bensì per agire, spinti dalle emozioni.

Si suppone cha a monte ci sia stata un'attenta riflessione dei motivi per cui combattere. Ma non sempre però è così. I generali avranno certamente riflettuto, ma ai soldati semplici non è chiesto di pensare, ma di obbedire. E lo slogan è perfetto a tal fine, riducendo l'argomentazione a poche parole, inibisce l'attenta valutazione dei fatti e, al contempo, suscita le emozioni che favoriscono un'azione pronta e acritica. Sia che l'azione richiesta sia di natura bellica, sia che consista nell'aderire a una visione politica o nell'acquistare una merce.

Alcune delle strofe di *Voglia di gridare*, del cantautore italiano Daniele Silvestri, si esprimono così bene a riguardo che vale la pena riportarle per intero:

Ti è mai venuto in mente che a forza di gridare
la rabbia della gente non fa che aumentare,
la forza certamente deriva dall'unione
ma il rischio è che la forza soverchi la ragione.

Immagina uno slogan detto da una voce sola,
è debole, ridicolo, è un uccello che non vola,
ma lascia che si uniscano le voci di una folla
e allora avrai l'effetto di un aereo che decolla.

La gente che grida parole violente
non vede, non sente, non pensa per niente.

*Non mi devi giudicare male
anch'io ho tanta voglia di gridare,
ma è del tuo coro che ho paura
perché lo slogan è fascista di natura.*

*Quando applaudi in un teatro, quando preghi in una chiesa,
quando canti in uno stadio oppure in una discoteca,
sei tu quello che canta, è il tuo fiato che esce,
ma il suono intorno è immenso e cresce, cresce.*

*Il numero è importante, dà peso alle parole,
per questo tu ogni volta prima pensale da sole
e se ci trovi il minimo indizio di violenza
ricorda che si eleverà all'ennesima potenza.*

Lo slogan è fascista di natura. Non importa a quale credo politico inciti, ciò che lo rende fascista non è la sua aderenza a un partito ma la modalità con cui ricerca il consenso.

Anche alcune singole parole possono essere utilizzate a tal fine. Certo non possono contare sulla musicalità semplice, accattivante e coinvolgente, tipica di uno slogan, ma possono venir ripetute così spesso da associarsi a una specifica emozione. Sono dei *leitmotiv*, parola tedesca composta da *leiten*, "dirigere", e *Motiv*, "motivo". Un "motivo musicale" che – ripetuto, ripetuto e ripetuto – diviene anche motivo nelle accezioni di "convinzione" e di "stato d'animo" predisposto ad accogliere qualsiasi argomentazione includa al suo interno le parole in questione.

Alcune di queste parole, oggi lette o udite con straordinaria frequenza, sono: inclusività, sostenibilità, resilienza. Sia chiaro, non sto qui questionando la validità o meno dei valori che sottendono, mi limito a rilevare che la loro ossessiva ripetizione le ha trasformate in parole così emotivamente cariche da rendere difficile il pensiero critico.

LE PAROLE E LA PSICOLOGIA

In fondo, chi può negare che includere tutti nell'accesso ai diritti, o pianificare politiche che siano sostenibili, non sia una buona cosa? Il problema però è che il fatto che qualcuno affermi che qualcosa sia inclusivo o sostenibile non implica *tout court* che davvero lo sia. Ha però l'effetto di inibire la valutazione critica a riguardo, fa quasi sentire in colpa chi dubita, come se in dubbio fosse messa la validità del principio e non la sua effettiva applicazione.

Un effetto simile si ottiene anche con l'aggettivo "scientifico". Se si sostiene che qualcosa sia scientifico ciò non dimostra, per il semplice fatto di averlo affermato, che davvero lo sia. Né tanto meno che a sostegno dell'affermazione ci siano ricerche svolte correttamente ed epistemologicamente valide. Significa unicamente che chi impiega l'aggettivo sente il bisogno di associare alla sua asserzione l'idea di scienza, col malcelato intento di far credere che una critica a quanto afferma sia da considerare critica alla scienza stessa. Oggi che la scienza è per molti divenuta una fede, per evitare il rischio di essere visti come blasfemi, è facile finire con l'accettare supinamente qualsiasi cosa venga dichiarato scientifico.

Però, fateci caso, gli scienziati veri ben raramente ricorrono all'aggettivo scientifico, tanto meno se la loro disciplina appartiene alle cosiddette scienze dure. Mi è capitato di frequentare molti fisici e non ricordo di averli mai sentiti dire che il loro lavoro è scientifico. Non hanno necessità di dirlo, nessuno ne dubita. Affermarlo è invece un bisogno quasi ossessivo di chi, più o meno consciamente, sa che nelle sue affermazioni di vera scienza ve ne è ben poca.

Per quanto invece riguarda la parola resilienza, io credo che meriterebbe di essere annoverata tra le parolacce. Me ne perdonino i tanti colleghi che invece l'hanno adottata con entusiasmo. Il termine, attraverso l'inglese *resilience*, viene dal latino *resilīre*, "saltare indietro, rimbalzare". Da cui il significato, originariamente riservato alla fisica dei materiali, di "assorbire un colpo, senza subire deformazioni permanenti".

Successivamente il termine ha visto estendersi il suo significato ad altri ambiti, tra cui quello psicologico, all'interno del quale è oggi diventato di moda.

Ma davvero un essere umano può – e soprattutto dovrebbe – limitarsi ad "assorbire il colpo" e tornare semplicemente a essere quello di prima? Non sono forse le esperienze di vita che ci forgiano e non è piuttosto da esse che possiamo imparare a essere migliori? La comprensione e la successiva integrazione di un qualsiasi evento ci consentono di conoscere meglio noi stessi, di crescere e di apprendere. Come si può limitarsi a elogiare la supposta virtù di chi, indifferente a quanto avviene perfino a se stesso, invece che integrare e superare l'esperienza, ritorna allo stesso grado di consapevolezza che aveva prima?

Una cosa è la capacità di rimanere imperturbabili, cioè di "non essere turbati e saper conservare in ogni occasione il controllo e la tranquillità d'animo", che è rara conquista di un riuscito lavoro di consapevolezza. Tutt'altra è la caratteristica di ritornare alla condizione precedente a un evento, dal quale in tal modo si finisce, come un materiale appunto, col non apprendere niente. Di fronte alle avversità sono semmai necessarie: consapevolezza (sempre), accettazione (in alcuni casi), resistenza (in altri).

Resistenza, specialmente se in maiuscolo, attraverso il francese *résistance*, viene dal latino *resĭstĕre*, composto di *re-* (con valore intensivo) e *sistĕre*, "stare". Il termine è impiegato anche nella fisica dei materiali tuttavia, per quanto riguarda la sua accezione psicologica, l'immagine evocata non è quella di un passivo "rimbalzare indietro", bensì quella di "opporsi saldamente nei confronti di qualcuno o di qualcosa, mantenendo saldamente la propria posizione". Come si dice dalla mie parti (ma credo che lo capiscano tutti), *"quando ci va, ci vuole!"*.

ATTENZIONE AGLI -ISMI

-ismo è un suffisso che forma molti vocaboli astratti, come avviene col latino *-ismus* o col greco *-ισμός (-ismós)*. Dal punto di vista semantico non c'è molto da dire a riguardo. Eppure dietro ad alcune di tali astrazioni si nascondono trappole insidiose. Se un qualche "-ismo" si riferisce a una qualsivoglia ideologia (fascismo, comunismo, complottismo, negazionismo, e tantissimi altri termini) allora occorre fare molta attenzione: spesso chi vi ricorre intende legittimare, o delegittimare, a priori un qualche pensiero, senza soffermarsi, né concedere a voi di soffermarvi, a valutare volta volta come realmente stanno le cose.

Particolarmente insidiosi sono due "-ismi" tra loro contrapposti: maschilismo e femminismo. Tra i due termini il più antico è il secondo, coniato nel XIX secolo in francese, *féminisme*, da *femme* che, come l'italiano femmina, viene dal latino *femĭna*, della stessa radice di *fecundus*, quindi propriamente "fruttifera". Nella prima metà del secolo scorso, sul modello di femminismo, viene coniato maschilismo. Tuttavia, mentre il primo termine è connotato in positivo per riferirsi alla legittima rivendicazione dei diritti femminili, il secondo ha assunto carattere dispregiativo per descrivere l'atteggiamento culturale e sociale basato sulla presunta superiorità dell'uomo sulla donna.

Niente da ridire sulla parità dei diritti. Il problema però è che una volta create due fazioni non si apre alla parità, bensì alla faziosità. La psicologia sociale ha mostrato che le condizioni minime di discriminazione tra i gruppi sono davvero minime. Basta che si sia artificiosamente suddivisi in due gruppi, sulla base del colore di un cartellino estratto a caso, affinché si presenti preferenza per il proprio gruppo (*in-group*) e discriminazione degli altri (*out-group*). Figuriamoci se le differenze sono invece biologiche e evidenti. Beh, a dire il vero, oggi molti vorrebbero negare le differenze tra uomo e donna e perfino il concetto stesso di sesso, ma questa è un'altra storia che comunque, lungi dall'evitare discriminazioni, finisce col discriminare chi la pensa diversamente. La contrapposizione tra presunti buoni e presunti cattivi è sempre pronta a giustificare ogni guerra.

In relazione al sesso biologico di chi esercita il potere, le forme di governo sono state chiamate patriarcale o matriarcale; con l'implicita assunzione che se una è sbagliata l'altra deve allora essere giusta, sorvolando sul fatto che in entrambi i casi è evidente una disparità. La sociologa Riane Eisler avrebbe però coniato un termine che include in sé il concetto di parità: gilania (*gilany*), composto da *gy*, contrazione di γυνή (*guné – gyne*), "donna", e *an*, contrazione di ἀνδρός (*andrós*), "uomo", mentre la lettera *l* che li unisce evoca sia l'inglese *linking* (collegamento) che il greco λύω (*lúō – lyo*), "sciogliere". Una parola, e di conseguenza una prospettiva, che non favorisce il conflitto ma piuttosto propone collaborazione e soluzioni. Speriamo che il termine si diffonda.

Anche perché i principi maschile e femminile sono in ognuno di noi, non solo in uomini o donne. Il che però non significa che si sia tutti uguali (salvo nell'accezione di avere pari diritti), perché la negazione delle differenze non è altro che negazione del diritto di tutti ad essere se stessi. Siamo diversi e nelle differenze emerge il valore di ognuno. Al contempo, sia pure in diverse proporzioni, in noi c'è tutto. Gli uomini, oltre ad aspetti maschili, hanno in sé aspetti femminili, le donne anche.

Nondimeno, una certa letteratura che pretende di rifarsi a Jung, pur non avendolo evidentemente mai letto, afferma che ci sarebbero archetipi divini diversi per donne e per uomini. La tendenza a dividere riappare sempre. A noi starebbe invece di integrare tutti i principi, celebrare le nozze alchemiche, ritrovare l'androgino in noi. Non nelle apparenze, nel modo di vestirsi, comportarsi o altro, bensì nella sostanza interiore, che è ben altra cosa.

LASCIAR PERDERE

Lasciare, dal latino *laxare*, "allargare, allentare, sciogliere", deriva da *laxus*, "largo, allentato". Strano che in italiano abbia assunto i significati di smettere di tenere e di abbandonare. Come se per tenere e per rimanere si dovesse stringere; mentre invece allentare la presa è a volte funzionale sia al mantenerla, senza "tirare troppo la corda", sia al curare una relazione senza rischiare di soffocarla.

Anche il verbo perdere viene dal latino, da *perdĕre*, composto di *pĕr*, "al di là", e *dăre*, "dare", col significato di "mandare in rovina, consumare, perdere". In italiano diventa principalmente "smarrire, essere privato di qualcosa o qualcuno" o "essere sconfitto in una contesa". Eppure a volte bisognerebbe lasciar perdere, lasciar andare, non intestardirsi a inseguire qualcosa o qualcuno che non può essere, non può rimanere o non può tornare.

Non è semplice quando c'è di mezzo l'affetto, dal latino *affectus*, participio passato di *affĭcĭo*, che significa "impressionare". Infatti l'"affetto è un tenero sentimento che si ha verso qualcuno, o anche qualcosa, che ci ha impressionato, che ci è rimasto positivamente impresso.

Se si è perduto un affetto può capitare di abbandonarsi alla nostalgia, dal greco νόστος (*nóstos*), "ritorno", e ἄλγος (*álgos*), "dolore". Tuttavia il termine non è greco ma di formazione moderna, da prima col significato unicamente medico di "desiderio di tornare ai luoghi natii, e malessere derivante", poi nel senso odierno di "malinconia che si prova nel rimpiangere cose e tempi ormai trascorsi o nel desiderare intensamente cose, luoghi e persone lontane". La nostalgia è spesso paradossale perché al contempo felice per il ricordo e triste per non poterlo rivivere. Solitamente però è più dolorosa se non si è superato il legame col passato, mentre è più dolce se si è in pace sia con esso che col presente.

Altre volte non si è invece capaci di lasciar perdere la paura di essere traditi. La gelosia è la caratteristica di chi è geloso, da *zelōsus*, "pieno di zelo", derivato da *zelus*, "zelo", a sua volta dal greco ζῆλος (*zḗlos*), "ardore, spirito di emulazione". In italiano zelo è il fervore con cui si aderisce a un'idea, l'impegno assiduo e diligente con cui si affrontano i compiti o ci si adopera per una causa. Una buona attitudine, purché non si pecchi di eccesso di zelo. Come sempre è una questione di giusta misura e il troppo non è mai bene. Così è per la gelosia: se moderata trasmette l'idea di interessamento e può anche essere piacevole, ma se eccessiva diviene sofferenza, per tutti.

Capita anche che chi soffre di gelosia scelga di lasciare una persona per non rischiare di essere tradito o a sua volta lasciato. Il che sottintende un paradosso che spesso passa inosservato, un po' come se un impiegato che temendo che in futuro potrebbe essere licenziato scegliesse di dare da subito le dimissioni. Non ha senso, no, ma spesso le forti passioni non ne hanno.

Passione viene dal latino *passĭo*, derivato di *păti*, "sopportare, patire", con influenze dal greco πάθος (*páthos*), "sofferenza". In origine il termine ha, in contrapposizione all'azione, sopratutto il carattere della passività, dell'essere toccati, affetti, sottoposti a un'azione o a un'impressione esterna, subendone l'effetto sia nel fisico che nell'animo. Dal punto di vista etico, tale condizione è inizialmente neutra, per poi diventare negativa, al punto che una definizione del XIII secolo la descrive come "sentimento intenso e veemente che domina l'uomo inducendolo a compiere azioni degne di biasimo".

Per secoli lasciare che il proprio stato d'animo fosse influenzato dalle passioni è stato percepito come negativo. Oggi invece, al contrario, avere delle passioni, meglio ancora delle forti passioni, è visto come positivo e necessario alla propria felicità. Chissà, forse la verità sta nel mezzo. Certo è che per noi le passioni sono molto importanti.

Importante e importanza derivano dal verbo importare, dal latino *impŏrtāre*, composto di *in*, "dentro", e *portāre*, quindi "portare dentro". Anche importare, nel senso di importazione, deriva dallo stesso verbo ma passa attraverso l'inglese *to import* e il francese *importer*. L'accezione di avere importanza è invece più antica e fa riflettere sul fatto che meriti prestare attenzione a ciò che si porta dentro di noi, aria, cibo o pensieri, perché ogni contaminazione del nostro spazio interiore, sia fisica che psichica, è certamente una questione importante. Ma per quanto si consideri importante qualcosa o qualcuno può capitare di fare degli errori.

Errore, dal latino *errŏr*, viene da *errāre*, "vagare", deviare dalla retta via, da una regola o da una norma di comportamento. Forse a causa dell'aver preso un abbaglio, da cui con sovrapposizione di *s-* deriva sbaglio. Mentre però lo sbaglio è un fraintendimento, etimologicamente, l'errore è un peccato. La colpa sta nell'aver violato il percorso indicato. Per quanto, in assenza di deviazioni non sia possibile alcuna nuova scoperta. Credo che ogni tanto sia lecito errare, in entrambe le sue accezioni. Per altro un noto detto ci dice che è nella nostra natura: *"errare humanum est, perseverare autem diabolicum"*. Non è tentare altre vie da quelle consuete che è diabolico, bensì lo è proseguire nell'errore, una volta che una scelta si è dimostrata tale.

Piuttosto che perseverare nell'errore bisognerebbe imparare a perdonare e a perdonarsi. Perdonare, è dal latino *condōnāre*, con cambio di prefisso. Entrambi i verbi contengono *dōnāre*, da *dōnum*, "regalo". Non sembrano esserci dubbi che perdonare sia un regalo. Tutto chiaro finché si rimane sul piano di concessioni materiali, riduzione di debiti o di pene, ma la questione si complica un po' aprendo alla dimensione morale. Infatti, un regalo fatto controvoglia può avere lo stesso valore che donato con piacere? Inoltre, e soprattutto, un perdono coatto può liberare noi dalla sofferenza provata per il torto subito? La risposta è no.

Per chi ha una visione religiosa "a punti", basata sui meriti maturati in vita, il problema può anche non porsi. Per chi invece, dal perdonare si attende la pace, per gli altri e per se stesso, non è così che può funzionare.

Dalla prospettiva psicologica il perdono non consiste nell'essere così buoni da non far subire agli altri il disappunto per il torto subito. Occorre bensì rendersi conto che non c'è colpa, che forse avremmo potuto comportarci noi stessi in modo analogo, o che chi ci fa un torto "non sa quello che fa", o che si è trattato di un fraintendimento, o di una contrapposizione tra visioni diverse che hanno tuttavia ugual diritto di esistere, o di maturare una qualsivoglia altra visione che comunque consenta di sciogliere il rancore. Il perdono è liberatorio solo se si riesce a sciogliere il rancore e ciò non lo si può davvero fare perché "perdonare è buona cosa", bisogna trovare il modo per credere che davvero, osservando più in profondità e con maggiore attenzione, non vi sia motivo di avercela con qualcuno.

AGIRE O NON AGIRE

Nella concezione occidentale *tertium non datur*, o si agisce o non si agisce. Si chiama principio di non contraddizione e o qualcosa si fa, o non si fa. Talvolta è così, ma non sempre. Nel pensiero taoista esiste il concetto di 為無為 (*wei wu wei*), azione senza azione. Una contraddizione che però è solo apparente, prospettica. La massima orientale si riferisce infatti a piani distinti. L'azione, nel senso di attivo impegno, è raccomandata. Al contempo si ritiene di dover lasciare che le cose accadano, senza forzarle.

Per comprenderlo può essere utile pensare alla fisiologia dell'erezione maschile (ma un meccanismo analogo controlla anche la lubrificazione e l'orgasmo femminili). L'irrorazione sanguigna dei corpi cavernosi, necessaria all'inturgidimento del pene, è sotto il controllo del sistema nervoso parasimpatico, legato al rilassamento, non del simpatico, attivato in situazioni di attacco o fuga. In caso di *défaillance*, a niente serve ostinarsi a volere un'erezione, che viceversa avviene rilassandosi e fidandosi del proprio corpo. Volere, senza volere.

Solo che non c'è contraddizione, si tratta di piani diversi. La volontà si impegna a fare il necessario, lasciando al contempo che le cose accadano. Ne scaturisce uno stato d'animo che ci consente di non sprecare tutta l'energia che è invece richiesta a chi pretenderebbe di determinare come le cose dovrebbero accadere. Si agisce, sì, ma lo si fa in uno stato di flusso che rinuncia all'ossessione di controllo. La nostra è una società malata di controllo. Ci preoccupiamo per tutto, anche per ciò che per sua natura non può essere controllato, o che non ha senso controllare.

Wei wu wei non è infatti trascurare qualcosa che deve essere fatto, bensì non rovinarsi inutilmente la vita preoccupandosi. Se c'è soluzione perché ti preoccupi? Se non c'è soluzione perché ti preoccupi? Agisci ciò che ha senso agire, la-

scia che naturalmente accada ciò che non ha senso controllare.

Lo stato d'animo necessario al *wei wu wei* richiede fede, dal
latino *fĭdes,* "fido", o se preferite fiducia, da *fidĕre,* "fidarsi".
La radice è la stessa. Da cui anche fedeltà, l'essere fedele,
caratteristica di chi si fida. In questo caso non è però richiesto di credere in qualcosa o in qualcuno, si tratta di fidarsi del
corso della vita e di se stessi, di non inquietarsi e, piuttosto
che lasciarsi guidare dall'ansia, imparare ad ascoltare l'intuizione. Intuire, dal latino *intuēri,* è composto di *in,* "dentro", e
tuēri, "osservare". Guardandosi dentro, si intravede una più
ampia trama degli eventi oltre il velo delle paure (solo l'intuizione che non è preoccupata è vera intuizione).

L'intuizione arriva come una folgorante illuminazione, è
una luce che chiarisce e non abbaglia. Ma troppa luce può
anche accecare. La parola fantasia viene dal greco φαντασία
(*phantasía*), deriva da φαίνω (*phaino*), "mostrare", e contiene in
sé φαίνω (*pháos*), "luce". Nella dimensione fantastica trovano
spazio anche i fantasmi, quantomeno quelli della mente. Ciò
non toglie che la fantasia sia risorsa utilissima, purché però
non le si dia troppo credito e le si permetta di diventare una
fantasticheria.

Deve esserci luce perché si possa vedere, come è necessaria una luce interiore per avere un'idea, in greco ἰδέα (*idéa*),
da ἰδεῖν (*idêin*), "vedere". La luce crea le immagini, dal latino
ĭmāgo, e l'immaginazione è la capacità di formarsi immagini
interiori. Capacità preziosa, finché non diviene illusione o,
peggio ancora, allucinazione. Un'allucinazione è anche mi-
raggio, abbaglio provocato dalla rifrazione dei raggi luminosi.
La luce può essere troppa e "il troppo stroppia", come dice
un noto detto popolare. *Aurea mediocritas* poetava Orazio, che
non è incitazione ad essere mediocri, bensì monito a ricercare la giusta via di mezzo. Un equilibrio che è necessario
mantenere anche tra la luce del mondo esterno e quella del
mondo interno. Diversamente si rischia, da un lato, di perde-

re il contatto con la realtà e di vivere nei propri deliri, dall'altro, di perderlo con ciò che per noi è dotato di senso.

Delirio, in latino *delirium*, viene da *delīrāre*, composto di *de*, "fuori", e *lira*, "solco", propriamente "uscire dal solco". In agricoltura, solco è il tracciato prodotto dall'aratro e nel quale si semina. Gettare i semi fuori dai solchi sarebbe assurdo. Assurdo è dal latino *absurdus*, "dissonante", composto di *ab-* (con valore di allontanamento) e *surdus*, "sordo", ma anche "muto"; oppure composto di *ab-* e di una radice indoeuropea che indica il suonare. La prima ipotesi è la più riportata, anche se suona male che sia assurdo ciò che si allontana dall'essere sordo o muto. La seconda non rende adeguatamente conto del percorso storico, però ha il merito di essere coerente col significato di dissonante, "che si allontana dall'armonia di ciò che suona bene".

Sia come sia, perché per noi la realtà abbia un senso, non possiamo ignorare che esiste un solco, ma neppure limitarci a seguirlo. Abbiamo anche bisogno di (ri)trovarvi la nostra musica. Musica è dal greco μουσική (*mousikē*), con sottinteso τέχνη (*tékhnē*), "arte delle Muse". Nella mitologia greca, le Muse sono divinità femminili, figlie di Zeus, che ispirano l'arte nell'uomo. La vita umana, se privata dell'arte, è forse davvero priva di senso, come i materialisti pretendono sia. Ma perché mai l'essere umano dovrebbe privarsi di arte e di senso? Meglio, sia pure senza eccedere, vivere con un po' di magia.

MAGIE E INCANTESIMI

La parola mago, attraverso il latino *magus*, e il greco μάγος (*mágos*), viene dall'antico persiano ⫶⫶⫶ (*magush*), i sacerdoti del culto di Mazda (o Zoroastrismo) cui gli antichi attribuivano poteri magici. Secondo il Vangelo tre re magi giunsero a Betlemme per onorare Gesù bambino. Erodoto ci racconta che, nel periodo precedente all'unificazione dell'impero persiano, i magi erano di popolazione meda, cioè Medi. Mi è capitato anni fa di leggere di una teoria secondo cui il potere mediatico dei moderni *mass media* deriverebbe dalla conoscenza dei magi meda.

Naturalmente il termine inglese *media*, col significato di "mezzi di comunicazione", è plurale del latino *medium*, forma neutra dell'aggettivo *medius*, "medio, posto in mezzo". Da *medius* deriva in italiano sia media che mezzo, in tutte le sue accezioni. Presumo perché, nella realizzazione di qualcosa, il mezzo, inteso come strumento, sta a metà strada tra la sua ideazione e la sua attuazione. Anche medium, nel significato di individuo supposto in grado di mettere in comunicazione col mondo dei morti, mutuato con tale significato dall'inglese e dal francese, è termine che ha la stessa origine.

Non sono riuscito a rintracciare dove avevo letto dell'ipotesi del presunto collegamento tra i *mass media* e i magi meda, né ricordo come fosse argomentata. Anche se molto probabilmente la tesi è falsa, poiché non supportata dall'etimologia, resta comunque accattivante. I *media* infatti manipolano la realtà con modalità che – si può dire – hanno un che di magico, quantomeno finché non se ne conosce le tecniche (ma di questo ho già trattato in altri miei scritti).

Conoscere le tecniche può fare la differenza tra ritenere che la magia sia: una fantasia cui possono credere solo gli ingenui; un trucco illusionistico; un'arte o scienza il cui funzionamento è occulto, nascosto, all'osservatore. Le prime illuminazioni elettriche dovevano sembrare magiche alla popolazione che non ne conosceva il funzionamento. Il che non significa che lo fossero. O forse lo sono. Dipende da come si intende definire magia.

In tutte le tradizioni vi è traccia di tecniche "magiche", cioè ritenute in grado di realizzare il volere di chi le esercita, secondo principi noti solo a poche persone, che oggi la moderna visione scientifica tende a liquidare come assurdità. Vediamo però che, quantomeno alcuni dei presupposti, non sono necessariamente così incredibili.

Pur nella loro diversità, le tecniche proposte delle varie tradizioni hanno delle basi in comune. Tra cui: la modifica consapevole del respiro; visualizzazioni di specifici simboli, immagini o andamento degli eventi; emissione di determinati suoni; assunzione di posture definite; rituali basati su simbolismo; invocazioni e evocazioni. Tutti atti che, prima ancora di avere effetti sul mondo esterno, producono delle alterazioni in chi li pratica. Modificando il respiro muta lo stato d'animo. Visualizzando si crea un'immagine che, insieme ai suoni emessi, a specifiche posizioni corporali e ai rituali eseguiti, può guidare la propria attenzione.

Un passaggio in più è richiesto per quanto concerne invocazioni e evocazioni, entrambi dal latino *vocāre*, "chiamare", nel primo caso col prefisso *in-* (rafforzativo), nel secondo con *e-*, "fuori, esterno". Chiamare qualcuno o qualcosa può far presupporre che affinché l'azione abbia un qualsivoglia effetto debba esistere chi, o cosa, viene chiamato. Il che è però vero solo in parte. Difatti un effetto che prescinde dal fatto che ci sia o meno una risposta, e da che questa sia reale o no, è che la chiamata stessa rafforza la fiducia del praticante.

Alcune meditazioni Vajrayāna consistono nel visualizzare nitidamente una divinità, portatrice delle qualità desiderate, per poi immaginarla entrare in se stessi e fondervisi. Approfondendo, si scopre che per alcuni praticanti esperti la divinità ha solo esistenza archetipica, non è reale nel senso comunemente attribuito al termine, ma nondimeno i suoi effetti trasformativi lo sono.

Ad ogni modo, non è questa la sede per disquisire dell'esistenza o meno di entità o di poteri paranormali. Da psicologo mi limito a rilevare che tutte le pratiche elencate possono direzionare l'attenzione. Attenzione, in latino *attentĭo*, viene da *attĕndĕre*, composto da *ad-*, "verso", e *tĕndĕre*, "rivolgere l'animo a". L'attenzione può essere attratta e guidata dall'esterno, oppure direzionata dalla propria volontà. In greco θέλημα (*thelema*) significa "volontà, desiderio", ed è anche il termine scelto da un noto mago (o sedicente tale) occidentale per riassumere la sua stessa idea di magia.

Più spesso però è diffusa l'idea che un rituale, gesto, suono o incantesimo, funzioni di per sé, non in virtù dell'attenzione postavi dal praticante. Sui poteri, reali o presunti, che deriverebbero dall'approccio tradizionale alla magia, da psicologo posso solo osservare in virtù di quali dinamiche la magia potrebbe funzionare, ma non ho modo di esprimermi sull'effettiva efficacia. Invece, sull'utilità della semplice ripetizione di un *mantra*, del visualizzare una determinata luce, o di altre pratiche tipicamente *New Age,* posso esprimermi sia per esperienza personale che per essere stato testimone di pazienti, amici e perfino colleghi che hanno praticato per anni. Non servono assolutamente a niente! A meno che siano svolte con una profonda capacità di attenzione, il che non accade se la persona crede che sia la pratica in sé a funzionare, se *"guarda il dito invece che la luna"*.

Incantesimo è l'effetto dell'incantare, viene dal latino *in-* (rafforzativo) e *cantāre*, che in latino significa "cantare" ma anche "recitare formule magiche". Il francese *charme*, fascino, viene dal latino *carmen*, "canto, poesia, preghiera, formula magica". Fascino è dal latino *fascĭnum*, "amuleto, maleficio". Sinonimo di affascinare è ammaliare, esercitare una malia, da *mălus*, "cattivo", un male che però seduce. Sedurre, dal latino *sedŭcĕre*, è composto di *se-*, "via", e *ducĕre*, "condurre". La seduzione porta via, è accattivante, termine che deriva da *captivus*, "prigioniero" e che pertanto "imprigiona" a un'idea, un desiderio o una persona. Cattivo, nel suo significato moderno, deriva invece dalla locuzione cristiano-latina *captivus diabŏli*, "prigioniero del diavolo".

Il canto, abbiamo visto, è stato spesso associato alla magia. Nel Vangelo secondo Giovanni, "*all'inizio era il Verbo*", in latino *verbum*, "parola" – termine scelto per tradurre l'originale *Logos* – "*e il Verbo era Dio*". La parola è sia suono che significato. Il suono è vibrazione, se cantato, diviene una melodia, che trasporta e diffonde il significato e, come nella storia del *Pifferaio Magico*, incanta. Per molte filosofie indiane la realtà è माया (*māyā*), "illusione, potere divino", creazione delle apparenze fenomeniche. Parlare è magia. Soprattuto se fatto con una determinata intonazione (su questo si basano anche alcune tecniche ipnotiche).

La realtà è proprietà di ciò che è reale, da *res*, "cosa". Se reale pertiene al re, allora viene da *rēx*, "re", da *rĕgo*, "dirigere", accostabile al greco ὀρέγω (*orégō*), "stendere". Il re era colui che aveva la funzione di *rĕgĕre fīnis*, "tracciare in linea retta i confini del regno". Per molti i confini del regno rappresentavano un tempo i confini della realtà stessa, e con ciò si potrebbe dire che i due distinti significati di reale si ricongiungono. Oggi che i confini culturali sono sempre più labili, e sostituiti dalla globalizzazione, la realtà è (quasi) per tutti la stessa.

Anche se molto probabilmente, come affermava Kant, l'unica realtà da noi conoscibile è quella fenomenica, dal greco φαινόμενον (*phainómenon*), "che appare". Il noumeno, la cosa in sé, è inconoscibile poiché filtrata dalla soggettività dei nostri sensi. Il cosmologo Max Tegmark propone una distinzione ancor più utile tra: realtà esterna, esistente a prescindere dall'osservatore; realtà interna, basata sulla percezione soggettiva; e realtà consensuale, intesa come la visione del mondo condivisa con gli altri e sulla quale troviamo comune consenso.

Non saprei dire se magia o incantesimi possono intervenire, modificandola, sulla realtà esterna, ma certamente sono in grado di plasmare la realtà interna e quella consensuale. La mia affermazione non va però confusa con la credenza nel cosiddetto pensiero positivo, che è in realtà ben lungi dall'offrire ciò che promette. Non mi riferisco ad affermazioni consapevoli che poco (anche se qualcosa comunque sì) possono sul nostro inconscio, bensì alle convinzioni non consapevoli, che pertanto sono date per scontate nella costruzione della nostra idea di realtà.

Ma penso di potermi spiegare meglio con un esempio. Nel 1942, il medico Walter Bradford Cannon, studiando numerose osservazioni effettuate da vari antropologi, osserva l'alta frequenza con cui, tra i nativi sudamericani, in alcune popolazioni africane e tra gli aborigeni australiani, gli indigeni additati dallo stregone della tribù (gesto equiparato in tali culture a una condanna a morte) effettivamente muoiono nei giorni successivi. Chiama il fenomeno *Voodoo death*, da un termine di origine africana. Col ripetersi di tali osservazioni antropologiche le morti sono difficilmente considerabili casuali e, a meno di accettare spiegazioni soprannaturali, la loro causa più plausibile sembra dovuta a suggestione, al grande spavento provato e al conseguente effetto nocebo.

Tuttavia le osservazioni riportano anche che, con altrettanto stupore degli studiosi che osservano le morti dei membri della tribù additati dallo stregone, quest'ultimo constata l'inefficacia dei suoi poteri sugli stranieri. I quali, nonostante siano presumibilmente spaventati da quanto hanno visto, appartengono a una cultura che non ritiene possibili tali eventi. Se entrambi additati da uno stregone, l'indigeno e l'antropologo occidentale, non hanno solo distinte credenze consce sul fenomeno, ma anche diverse credenze inconsce. Queste sono profondamente radicate e pertanto refrattarie, nel caso dell'indigeno, ai tentativi di convincimento che l'atto è innocuo e, nel caso dello studioso, allo spavento provato dall'avere precedentemente assistito alla morte di individui anche essi additati.

La realtà consensuale è in gran parte inconscia, data per scontata e pertanto non controllata. Gli effetti di pratiche che sono mediate da suggestione sono possibili unicamente se nell'individuo vi sono i presupposti inconsci per esserne suggestionato. Non dovremmo però credere che la nostra moderna società non sia suggestionabile. Più semplicemente, poiché la nostra cultura si basa su principi diversi, sono altre le cose in grado di suggestionarci.

PRINCIPI E PRINCIPI

Al plurale, principe e principio si scrivono uguale. Principe deriva da *princeps*, composto di *prīmus*, "primo", e *căpere*, "prendere", quindi colui "che prende il primo posto". Anche principio, dal latino *principium*, deriva da *princeps*. La forma comparativa di *prīmus* è *priŏr*, da cui anche priore, "superiore di una comunità religiosa".

I principi (e i priori) hanno certamente i loro principi, solo che non è detto che siano gli stessi nostri. Anzi, a ben vedere, tutti abbiamo dei principi, ma difficilmente sono gli stessi. Spesso però si tende a riferirsi ai principi come assoluti, universali, indiscutibili. Di solito ad essere considerati tali sono i propri principi e se altri non li rispettano riteniamo di aver subito un'ingiustizia. Viceversa si tende a considerare chi non concorda con i nostri principi, o senza principi, o con dei principi sbagliati.

Anche capendo che alcuni principi sono diversi da persona a persona, ne esistono di universali, da tutti condivisi? La questione non è semplice. In teoria si potrebbe ipotizzare che ve ne siano, ad esempio "non uccidere", che è anche uno dei comandamenti biblici. In generale va però detto che tale principio è per lo più ritenuto valido unicamente se applicato al proprio gruppo sociale. Chi viceversa uccide un nemico è perfino considerato un eroe. Inoltre, anche con tale limitazione, non si può certo dire che sia un principio che valga per tutti, altrimenti non esisterebbero persone che scelgono di far parte della malavita.

Si potrebbe proseguire riflettendo su molti altri principi, ma io credo che non ve ne sia alcuno cui tutti (ma proprio tutti) riconoscono valore, e che pertanto sia davvero universale. Spesso si tende a ritenere validi quelli professati dalla maggioranza, o dalla maggioranza degli esperti di un settore. A volte però questa è una pessima idea. Basti pensare al fatto che agli inizi del secolo scorso l'eugenetica godeva di ampia considerazione da parte della gran parte della comunità scientifica internazionale. Altra ipotesi è che alcuni principi, di origine divina, siano intuibili direttamene dai ricercatori spirituali, o rivelati all'umanità da un profeta. Potrebbe essere. Non va però dimenticato che le varie religioni non concordano su quali precetti vadano seguiti. Il che spesso riporta alla presunzione che i propri principi siano giusti e quelli altrui sbagliati.

Principio è ciò che viene per primo, l'inizio, ma anche ciò a cui è attribuito il primo posto, per importanza. In questa seconda accezione è sinonimo di valore, nel senso di "insieme di doti morali e intellettuali che rendono una persona degna di considerazione". Il termine valore ha anche molti altri significati, viene dal latino *valēre*, "essere forte e sano, essere capace, significare". Si può attribuire a cose, idee o persone. Dicendo che una persona è di valore si intende che ha alte doti intellettuali e morali, o grandi capacità. Sulla base della corrispondenza o meno ai propri ideali di riferimento, si stima il valore degli altri, e quello di se stessi.

La comparazione con gli altri rischia di svalutare, o al contrario sovrastimare, se stessi. Una sana autostima non esagera mai, né ha bisogno di considerare se stessi migliori, o peggiori, degli altri. Piuttosto riconosce e valorizza la diversità di ogni essere umano. Non andrebbe confusa l'idea che si sia tutti uguali, nel senso di avere gli stessi diritti, con una presunta uguaglianza di altro tipo che appiattisce le peculiarità di ognuno. Le differenze esistono, per fortuna, e dovrebbero essere valorizzate, non negate. Poi, chiaramente, su aspetti specifici, come disegnare, cucinare, sollevare pesi, parlare in pubblico e tantissime altre cose, alcuni sono migliori di altri. L'errore sta nel confondere tra loro: i diritti; il merito relativo a specifiche capacità; la stima generale di sé o degli altri. Sono livelli di valutazione diversi e tali dovrebbero rimanere.

Qualche riga vale la pena spenderla sulla spontaneità, dal latino *spons*, "libera volontà". Molti pazienti la considerano un valore e insorgono in sua difesa se gli si fa notare che un qualche comportamento abituale gli è nocivo. C'è quasi un mito che ritiene che ciò che è spontaneo sia anche buono e giusto. Come se davvero fosse esistito un *bon sauvage* poi deturpato dalla civiltà. Raramente viene in mente che, quando un automobilista taglia la strada a un altro, il comportamento spontaneo di molti sarebbe quello di aggredirlo con una mazza. Il che per fortuna accade di rado. Proprio per merito dei freni posti alla spontaneità dalla civiltà, da *cīvis*, "cittadino". Bisogna sì ascoltare se stessi, ma non nel senso di lasciarsi andare ai più bassi istinti. Piuttosto dei buoni principi devono essere educati.

Educare, dal latino *educāre*, è composto di *e-*, "fuori", e *ducĕre*, "condurre". Forse tutti i principi si trovano già in noi, in potenza, ma diventano davvero nostri solo quelli che sono aiutati a venire fuori. Sia i verbi formare che informare derivano invece da *forma* e quindi si propongano di plasmare l'altro essere umano in conformità col desiderio del formatore, o dell'informatore. Similmente, insegnare è lasciare un segno, *signum*. Mentre, istruire, dal latino *īnstrŭĕre*, composto di *in*, "dentro, verso", e *strŭĕre*, "costruire", prepara allo scopo.

Scopo, sia di un buon educatore che di un buon lavoro psicologico, dovrebbe sempre essere aiutare ogni persona a tirare fuori il meglio di sé. Non tentare di adeguarla a dei supposti ideali di riferimento.

EGOISMO IDIOTA

Egoismo è termine formato da *ego*, "io", e viene dal francese *égoisme*, dove è attestato a metà del XVIII secolo. Mentre altruismo è coniato nel 1830, sempre in francese, *altruisme*, da Auguste Comte (ed è pregno della sua visione positivista). Vista la recente attestazione dei termini, sembrerebbe che nei tempi passati non ne fosse sentita la necessità. Benedetto Croce, in *Filosofia della pratica economica ed etica*, con lucidità afferma che "*l'altruismo è insulso quanto l'egoismo, e si riduce, in fondo, a egoismo; press'a poco come nel caso dell'amore sensuale, il quale giustamente è stato detto egoismo in due*". Concordo.

A ben vedere infatti, al netto di sentimentalismi, l'altruismo è sempre egoismo, poiché chi lo pratica lo fa innanzitutto per sua personale esigenza, si sente migliore a farlo e a disagio se non lo fa. L'egoismo tuttavia può essere stupido o intelligente. Stupido se ricerca relazioni cosiddette *win-lose*, nelle quali vince a discapito di altri, che in tal modo diventano suoi nemici e potenziali futuri pericoli. Intelligente se, invece, nel fare il suo bene fa anche quello altrui (*win-win*), contribuendo così fattivamente ad un mondo migliore.

Chi è religioso non dovrebbe forse dimenticare che il Vangelo recita "*ama il prossimo tuo come te stesso*". Non viene detto che, per salvarsi dall'inferno, si debba amare gli altri più che se stessi.

Inferno, dal latino *infernus*, è letteralmente ciò che si trova in basso. Sua alternativa in latino è *infĕrus*, da cui inferiore. Nella concezione pagana l'inferno è l'oltretomba e, in qualsiasi cultura che usa seppellire i suo morti, la dicitura è corretta, visto che la sepoltura avviene sotto terra. Nella concezione cristiana, l'Inferno è il luogo di dannazione e di eterno dolore destinato alle anime dei peccatori non pentiti. Contrapposto al Paradiso che, attraverso il greco παράδεισος (*parádeisos*), "giardino", è voce di origine iranica, da ⟨parte in scrittura avestica illeggibile⟩

(*pairi-daēza*), "luogo recintato". Chissà poi come abbia fatto un giardino a finire in cielo, ma così è andata.

Ad ogni modo, spesso e a ragione si ritiene che il proprio comportamento debba essere sincero, dal latino *sincerum*, composto della radice *sem-*, "unico", e *cerus*, da *crēscere*, quindi "di una sola origine, non mescolato, schietto, puro". Immagine bellissima che purtroppo confligge con la realtà umana che è complessa e non certo semplice. Non credo però che la nostra complessità vada confusa con mancanza di sincerità. Pur nelle contraddizioni siamo spesso sinceri, solo che in noi convivono più sincerità che, nell'insieme, sembrano non esserlo.

Più spesso di quanto sembri le contraddizioni sono solo apparenti. Ad esempio, idiota viene dal greco ἰδιώτης (*idiōtēs*), "privato cittadino, senza cariche pubbliche" e, forse perché non all'altezza di ricoprirle, "inabile, rozzo, di nessun conto", a sua volta da ἴδιος (*ídios*), "privato, particolare (contrario di pubblico)". Mentre privato, dal latino *prīvātus*, viene dal verbo *prīvāre*, "togliere, sottrarre". Negli etimi delle due parole è evidente la grande importanza attribuita dagli antichi alla dimensione pubblica.

Non andrebbe però dimenticato che per i greci e i latini il riferimento era la collettività, attraverso il francese *collectivité*, dal latino *collĭgĕre*, "raccogliere"; non la società di massa, dal greco μάζα (*máza*), "impasto di farina d'orzo". In tempi come i nostri, in cui per mezzo dei *mass media* un'intera società può essere impastata a piacere da chi ne ha il potere e le intenzioni, non è forse così da idioti ritirarsi a vita privata e l'egoismo, purché sia intelligente, meriterebbe di essere rivalutato.

PSICOSOFIA SINERGETICA

La Psicosofia Sinergetica è una disciplina che si occupa della psiche, recuperando il suo originario significato di anima. L'approccio nasce dal confronto con alcune colleghe ed è presentato nel libro *Psicosofia Sinergetica: un ponte tra psicologia e spiritualità*, curato da me e dalla dottoressa Monica Forghieri. Gli dedico uno spazio perché il nome della disciplina comporta una riflessione sul significato delle parole che lo formano. Anche se in realtà non si tratta a tutti gli effetti di neologismi.

Il termine psicosofia appare per la prima volta in latino, *psychesophie*, nel 1743, nel terzo tomo degli *Elementa metaphysicae* del filosofo Antonio Genovesi. Successivamente, Rudolf Steiner, in una serie di conferenze da lui tenute a Berlino nel 1910, seguendo la costruzione di Teosofia e Antroposofia, propone il termine per riferirsi allo studio dell'anima umana. Noi però non abbiamo debiti con questi autori, poiché la scelta della parola è stata frutto di intuizione e della successiva conferma datene dal significato etimologico delle parole ψυχή (*psyché*), "anima", e σοφία (*sofia*), "sapienza, saggezza".

Il termine Sinergetica si trova invece in alcuni vocabolari col significato di "nome di un settore transdisciplinare che si occupa degli effetti combinati delle azioni delle componenti del sistema considerato", dal greco συνεργητικός (*synergetikós*), "che coopera", derivato di συνεργέω (*synérgō*), "collaborare".

Per noi però sinergetica, come aggettivo, specifica la nascita della nostra Psicosofia all'interno del più ampio gruppo di colleghi, con cui in precedenza ci eravamo dati il nome di Sinergetica, Movimento di Libera Psicologia. Sentivamo il bisogno che la psicologia tornasse a essere libera da pregiudizi e, nel creare un movimento che così fosse, abbiamo voluto unire insieme le parole sinergia e etica.

Il termine sinergia deriva dal greco συνέργια (*synergía*), da (*synérgō*), composto di σύν (sýn), "con, insieme", e ἔργω (*érgō*), "operare, agire". Ha quindi il significato di "cooperazione di più elementi per il raggiungimento di un risultato comune". Rispetto a cooperazione e collaborazione, il concetto di sinergia dà l'idea di maggiore leggerezza. Un'azione che più naturalmente confluisce verso il reciproco beneficio offerto dal lavorare insieme.

Il termine etica, attraverso il latino *ethĭca*, deriva dal greco ἠϑικά (*ethiká*), da ἦθος (*ēthos*), "uso, costume". Il vocabolo è affine a morale, dal latino *moralis*, derivato di *mos*, "costume", come per etica. Infatti nel linguaggio comune le due parole sono spesso usate come sinonimi. Più propriamente però la morale indica l'insieme dei principi comportamentali di un individuo o di una società, mentre l'etica si riferisce alla riflessione filosofica su tali principi.

Noi pertanto, nel creare Sinergetica, abbiamo scelto di far confluire nel nome che ci siamo dati la sinergia della comune riflessione sui principi etici da seguire in una relazione d'aiuto psicologica. Poi, recuperando una sapienza (σοφία) sia antica che moderna, ci siamo chiesti come applicarla ad un lavoro che vuole essere da anima ad anima. Così è nata la Psicosofia Sinergetica.

FANTA-ETIMOLOGIA

Alcune parole godono di un'etimologia fantasiosa, o fanta-etimologia, come a me piace chiamarla. Certamente errata ma non per questo necessariamente priva di interesse. Infatti le assonanze, o i collegamenti tra più idee, una volta che sono stati notati lasciano una traccia associata alla parola stessa. Vale la pena rifletterci, pur consapevoli che adesso siamo nel campo del fantastico.

La fanta-etimologia più nota è certamente quella relativa alla parola amore, di cui ho già scritto e che molto probabilmente è errata. Eppure, come dimenticare il fascino che tale ipotesi evoca? L'idea che il più sentimentale dei sentimenti comporti un potere che va oltre la morte ha certamente incantato molti. La si potrebbe dire un'illusione, quantomeno lo è se si pretende che sia supportata dall'etimo. Illusione, dal latino *illūsĭo*, è inizialmente "ironia, scherzo", da *illūdĕre*, composto di *in-* (rafforzativo) e *ludĕre*, "scherzare". Un inganno fatto per gioco. Ma chissà che credendoci fermamente il gioco non diventi realtà.

Alcune fanta-etimologie che mi è capitato di leggere, o sentire, sono traduzioni dallo spagnolo di etimologie fantasiose. Una di queste è masturbarsi che ho incontrato come pretesa derivazione dello spagnolo *más*, "più, ancora", *turbar*, "disturbare", e *se* (pronome riflessivo), con quindi il supposto significato di "disturbarsi ancor più". Che la masturbazione possa turbare è vero per chi si propone l'astinenza (e così era nel contesto in cui ho incontrato questa fanta-etimologia), ma può essere invece molto piacevole per chi non ha tali propositi. In ogni caso il termine, sia in spagnolo che in italiano, viene dal latino *mastŭrbāri*, di etimo incerto, forse dalla locuzione *manu turbāre*, "agitare con la mano".

Sempre dal mondo latinoamericano, ma questa volta con fantasiosa derivazione latina, mi è arrivata anche la presunta etimologia di pazienza, immaginata essere da *pax*, "pace", e *scĭentĭa*, "scienza". In realtà pazienza viene dal latino *pătĭentĭa*, da *pătĭens*, "paziente", che è participio presente di *pătĭo*, "sopportare". Pazienza è quindi la capacità di chi sopporta. Anche se in questo caso va detto che l'associazione con "scienza della pace", per quanto sbagliata, non è del tutto peregrina, visto che portare pazienza certamente favorisce la pace.

Le assonanze ingannano ma talvolta, passando per vie traverse, illuminano con associazioni altrimenti impensate. Un delizioso libretto di recente pubblicazione, *Parole sotto sale*, gioca con le parole suggerendone significati inediti e stimolanti. Claudia Fabris, l'autrice, esplicita nell'introduzione di essere stata stimolata dalla Cabala ebraica, secondo cui ogni lettera dell'alfabeto, oltre che suono, è anche cifra, numero, ed è dotata di un suo significato. Se ciò che vale per l'alfabeto ebraico fosse espandibile a tutte le lingue, ogni parola sarebbe dotata di un suo significato nascosto, derivante dalle lettere di cui è composta, che attende solo di essere scoperto. Con leggerezza e senza pretese l'autrice gioca con questa idea. Riporto di seguito alcune delle sue giocose intuizioni.

Per assonanza, in abbandono ci sarebbe dentro un dono, e nell'abbondanza è contenuta una danza. Accettare lo si fa anche con l'accetta, senza mezzi termini, con un taglio netto. L'avarizia può essere condizione di chi è in avaria. Una chiusura può essere l'usura del *Chi* o *Qi*, o *Ki* (dipende dalle traslitterazioni dal cinese o dal giapponese), il flusso vitale in ogni essere vivente. Corrompere sarebbe *cŏr* rompere, cioè rompere il cuore. La credenza sarebbe una struttura che, oltre al cibo, contiene anche le forme del sapere. Crudele diviene la caratteristica di chi è crudo.

E ancora, poiché in latino *cūr* è l'avverbio interrogativo "perché", la cura potrebbe in realtà risiedere nel farsi le giuste domande (a prescindere dal fantasioso etimo, da psicologo posso testimoniare che di fatto così è).

Il dissidio sarebbe nato quando dissi Dio, conseguenza inevitabile parlando di ciò che non si sa. Estetica è l'etica che nasce ad est, dove sorge il sole. Il gioco può scambiarsi con il giogo e rendere il primo rigido e il secondo leggero.

Mentire sarebbe invece *"usare esclusivamente la mente per trovare le risposte senza chiedere al corpo e al cuore"*. Questa volta va detto che mentire, dal latino tardo *mĕntīre*, variante di *mentīri*, davvero deriva da *mens*, "mente", e primariamente significa "inventare con la mente". Solo che la definizione precedente spiega anche perché la mente, se usata da sola, non può cogliere la verità. Per onor del vero, e a scanso di equivoci, va però detto che neppure il corpo (le emozioni) o il cuore (i sentimenti) da soli possono giungere alla verità. Serve collaborazione tra tutte le nostre facoltà e bisogna fare attenzione alla dicotomia che, una volta compreso che qualcosa non funziona, rischia di spingerci verso il suo opposto.

Molte altre parole sono "messe sotto sale" nel libro da cui sono tratte le precedenti "definizioni". Altre ancora le possiamo scoprire, o inventare, noi. Prestando mente, orecchio e cuore a ciò che ci risuona.

TRADUZIONI DELUDENTI

Si dice che tradurre sia un po' tradire e che ciò sia inevitabile, in special modo per quanto riguarda i versi poetici. Tradurre e tradire hanno etimi (parzialmente) diversi, ma simili nel significato. Tradurre, dal latino *traducĕre*, "trasportare, trasferire", è composto di *trans*, "oltre", e *ducĕre*, "portare". Anche tradire, dal latino *tradĕre*, "consegnare", è composto da *trans*, "oltre", cui è abbinato *dăre*, "dare". La differenza tra portare e dare è che nel primo caso si è responsabili di tutto il tragitto verso l'oltre, nel secondo qualcosa si dà, e poi spesso ci se ne lava le mani. Responsabilità di un traduttore sarebbe quindi di accertarsi della correttezza di tutto il percorso.

Poiché le poesie sono unione di musicalità e significato, e nel tradurre è pressoché impossibile rispettarli entrambi, io personalmente credo che sarebbe meglio non provarci nemmeno. Il che naturalmente non è che il mio punto di vista. I problemi tuttavia non si limitano alla poesia ma pertengono anche alla prosa e alla saggistica.

Nel mio lavoro non è raro leggere traduzioni dall'inglese, o vedere film, che rendono *Delusional Disorder* con "Disturbo Delusionale". Basterebbe il fatto che l'aggettivo in italiano non esiste per capire di essere fuori strada. Purtroppo però *delusion* è uno di quei falsi amici che sembra potersi facilmente tradurre con delusione, mentre invece significa "illusione, allucinazione, deliro". *Delusional Disorder* infatti è il Disturbo Delirante. Anche se – pur non autorizzando l'inascoltabile "delusionale" – un fondo di sensatezza nella traduzione esiste. Sia l'inglese *delusion* che l'italiano delusione vengono infatti dal latino *dēlūdo*, "prendersi gioco di", composto di *de-*, "da, fuori", e da *ludĕre*, "giocare, scherzare". L'inglese si concentra sull'illusione provocata dal venire presi in giro, da qualcosa, da qualcuno o da se stessi. L'italiano si sofferma sull'amarezza che arriva quando ci se ne rendo conto.

Due aspetti diversi di una stessa azione, che però non sono traducibili l'uno con l'altro. Nonostante che (al momento in cui scrivo) l'errore sia compiuto perfino da *Google Traslator* che, come prima traduzione di *delusion*, riporta delusione, per poi aggiungere come traduzioni "alternative" quelle corrette. Basta consultare un dizionario monolingua inglese per accertarsi che così non può essere. Da una rapida verifica sembra comunque che, per fortuna, su questo lemma, *Google* sia l'unico dizionario/vocabolario a fare una figura così meschina.

Infine, capita che, soprattuto quando si ha sottomano libri originariamente scritti in lingue lontane dalla nostra, due distinte traduzioni stentino così tanto ad assomigliarsi da far venire il dubbio che lo stesso testo sia stato il punto di partenza. Un bel problema per il lettore che, fiducioso, si affida alla prima traduzione che trova, rischiando davvero di prendere fischi per fiaschi. Ma non per sua colpa. Personalmente credo che ciò, più che una cattiva traduzione, costituisca davvero un tradimento.

MISCELLANEA

Alcune delle parole la cui origine mi sembra possa avere rilevanza psicologica non hanno trovato posto nei capitoli precedenti. Molte altre certamente ve ne saranno che io non ho proprio mai notato. Mentre però quanto a quest'ultime non posso che ripropormi un seguito, se nei prossimi anni ne scoprirò a sufficienza, le prime mi sarebbe dispiaciuto non menzionarle. Questa sezione è dedicata a loro, in ordine alfabetico e senza un vero e proprio filo logico.

<u>Analisi</u> viene dal greco ἀνάλυσις (*análusis*), derivato di ἀναλύω (*analúō*), "scomporre, risolvere nei suoi elementi", formato da ἀνα (*aná*), "su, verso", e λύω (*lúō*), "sciogliere". Che si tratti di analisi matematica, economica, medica, o della terapia psicoanalitica, per comprendere ciò che è oggetto di studio, bisogna innanzitutto scomporlo nei suoi elementi costituenti. Per scomporre la complessità psicologica umana ci vuole tempo. Per questo non è un lavoro che si può fare in poche sedute.

<u>Noia</u>, dal provenzale *enoja*, deriva dalla locuzione latina *in ŏdio habēre*, "avere in odio". Anche se oggi in realtà, più che l'odio, alla noia si associa l'insoddisfazione, il fastidio, la seccatura. Una sua definizione, datata ma che forse proprio per questo ci è utile, la descrive come "senso di fastidio, di tristezza, per l'inerzia materiale, la mancanza d'interessi spirituali o la ripetizione uggiosa delle stesse azioni". Per affrontare la noia a ben poco valgono le distrazioni cui solitamente si ricorre. Piuttosto occorrono dei veri interessi e impegnarsi a perseguirli. In tal modo la vita sarà, e sembrerà, più ricca e la noia un lontano ricordo.

<u>Perché</u> è avverbio che non nasconde sorprese etimologiche, è formato da *per* e da *che*. Se sostantivo, il perché, può riferirsi alla causa o allo scopo. Ho notato che domandando a qualcuno perché pensa qualcosa, o ha un determinato com-

portamento, la risposta per lo più si concentra sulle presunte cause. Tuttavia a volte sarebbe più fruttuoso riflettere su quale sia lo scopo, spesso inconscio, delle proprie tendenze. Vale la pena non trascurare questa accezione di perché e per ogni tendenza, atteggiamento, comportamento, avvenimento, domandarsi sia quale ne sia la causa, sia per quale scopo.

<u>Soggetto</u>, dal latino *subiectus*, è participio passato di *subicĕre*, "assoggettare", composto di *sub*, "sotto", e *iăcēre*, "gettare, giacere", letteralmente "ciò che è posto sotto". Oggetto è sempre da *iăcēre* con prefisso *ob-*, "contro, davanti a", quindi "ciò che è posto innanzi". Mentre in analisi logica la differenza tra soggetto e oggetto è chiara e netta e il soggetto è sempre il protagonista dell'azione (sia che l'agisca sia che la subisca), nel linguaggio assume sfumature meno nette, infatti si può essere soggetti a raffreddori, si può essere soggetti passivi di uno studio, si può essere soggetti all'autorità altrui, e in tale accezione anche sudditi, schiavi, trattati come oggetti da chi ne ha il potere. Il soggetto di un tema è il suo argomento, ma lo è anche l'oggetto di una lettera. Soggetto e oggetto si confondono, come se in fondo la distinzione tra sé e ciò che è diverso da sé fosse più apparente che sostanziale.

CONCLUSIONI

Siamo giunti alla fine di questo breve viaggio insieme. Mi auguro che sia stato piacevole e spero di aver dato qualche spunto per riflettere su parole che spesso usiamo senza conoscere a fondo. Nel farlo ho preferito non seguire una struttura rigida, anche in omaggio all'etimo di libro, *lĭber,* che differisce da quello di libero, *līber,* per la sola lunghezza di pronuncia della seconda lettera.

Ho scelto di includere solo parole la cui origine potesse aprire a una comprensione più ampia del significato. A volte, guardando con attenzione si scoprono aspetti mai visti. Per quanto mi riguarda questi sono momenti di gioia. Tuttavia la ricerca è proficua anche quando la comprensione si arricchisce solo di qualche sfumatura, o di qualche dettaglio. Infatti, come dice il detto, *"il diavolo sta nei dettagli"*. Teniamolo a mente, anche perché il fallimento, che nella comunicazione consiste nell'incomprensione e nell'equivoco, è causato spesso da piccoli errori che rischiano di passare inosservati.

Si potrebbe anche dire che i dettagli sono diabolici perché dettaglio, dal francese *détail,* deriva da *détailler,* "tagliare a pezzi". Un tagliare che però non è distruggere, bensì districare, come fa l'analisi che riduce ai minimi termini. Poi ciò che è stato separato va riunito in una nuova e più consapevole sintesi, dal greco σύνθεσῐς (*súnthesis*), "composizione", derivato di συντίθημῐ (*suntíthēmi*), "mettere insieme", composto di σύν (*sún*), "con, insieme", e di τίθημι (*títhēmi*), "porre". Due movimenti, separare e riunire, che sono solo apparentemente in contrasto. Piuttosto sono complementari, entrambi necessari alla consapevolezza, così come l'ispirazione e l'espirazione lo sono al respiro.

Spesso però, invece che scomporre la realtà nelle sue componenti, la si riduce a una dicotomia, dal greco διχοτομία (*dikhotomía*), "divisione in due parti", formato da διχο- (*di-*

kho-), "in due", e τέμνω (*témnō*), "taglio". Solo che la realtà non è mai riducibile a due soli aspetti tra i quali scegliere. Malgrado ciò, chi invece crede che lo sia, si ritiene in dovere di optare per l'analisi più radicale o per la sintesi più estrema. Senza rendersi conto che l'una senza l'altra, quale che sia, è incompleta, monca. Come artificiosamente monco sarebbe chi, preferendo la sua mano destra alla sinistra, o viceversa, si legasse uno dei suoi bracci per compiere ogni sua azione con la sola mano preferita.

In reazione alla fase scientista, che a lungo ha fatto credere che la suddivisione in sottodiscipline sempre più specializzate fosse il solo modo per approfondire la nostra conoscenza della realtà, si è sviluppata la visione olistica, secondo cui tutto è Uno e la divisione con l'Assoluto solo apparente. Una posizione che è piuttosto curiosa, se si pensa che assoluto, dal latino *absolutus*, è participio passato di *absolvĕre*, "sciogliere", e significa quindi innanzitutto "libero da ogni limite". Stando così le cose, l'effetto dissolvente proprio dell'analisi dovrebbe consentirci di cogliere la natura dell'assoluto meglio di quanto non consentano concezioni che già Hegel, nella prefazione a *Fenomenologia dello Spirito,* paragonava ad "*una notte in cui tutte le vacche sono nere*".

In conclusione, in queste pagine ho tentato di far emergere la ricchezza di significato di alcune delle parole cui ricorriamo per pensare. Credo, e spero, che portarvi la luce dell'attenzione dissolva almeno un po' di quell'oscurità che altrimenti tutto appiattisce alla banalità.

Io nel farlo mi sono divertito moltissimo, mi auguro che lo stesso sia stato per il lettore. Giunto al termine, sono ancor più convinto che la conoscenza degli etimi delle parole abbia molto da offrire alla psicologia. Tanto che mi propongo di organizzare a breve dei seminari/laboratori di "Psico-Etimologia". Contattatemi se siete interessati a saperne di più.

INFORMAZIONI SULL'AUTORE

Mi presento. Il mio nome già lo sapete, sta scritto in copertina. Per il resto, sono fiorentino, classe '74. Ricevo a Firenze nel mio studio in via Corridoni, 18. Sono psicologo, psicoterapeuta, coach, psicosofo e scrittore. Vediamo, uno ad uno, cosa questi "titoli" significano per me.

Alla psicologia sono approdato in età adulta, dopo molteplici esperienze lavorative, personali e relazionali che ritengo mi abbiano offerto la base ideale per comprendere al meglio gli studi universitari. Negli anni ho approfondito vasti interessi in discipline filosofiche e scientifiche, pratiche orientali meditative e yogiche, e finanche in aspetti cosiddetti "esoterici", pur mantenendo sempre un saldo spirito critico. A tale formazione "non convenzionale" devo l'apertura mentale che fa parte del mio modo di essere psicologo. Al percorso universitario, conclusosi con 110 e lode, devo invece la cura che sempre pongo nel verificare ogni teoria e la grande attenzione che ho nel mio lavoro.

Mi sono poi specializzato, sempre con lode, in psicoterapia analitica junghiana. A Jung sono riconoscente di avermi fatto comprendere l'interazione tra coscienza e inconscio e il fatto che quest'ultimo, lungi dall'essere un ostacolo, può essere la migliore guida di cui disponiamo in questa avventura che chiamiamo vita. Nel mio lavoro cerco di trasmettere questa comprensione a chi si rivolge a me per essere aiutato.

Parallelamente mi sono formato anche come counselor, ricevendo *"attestato di formazione professionale in counselor olistico"*, e come coach in discipline olistiche per la salute, riconosciuto con *"diploma nazionale di qualifica tecnica di docente"*. Percorsi diversi dalla psicologia che posso consigliare a chi si rivolge a me per specifiche finalità.

Sono anche membro fondatore di SinergEtica, Movimento di Libera Psicologia. Dalla collaborazione con alcune colleghe all'interno di Sinergetica è nata la Psicosofia Sinergetica, di cui ho scritto nel capitolo dedicato. Quando lavoro con tale modalità mi definisco psicosofo. In tale veste ho anche curato, insieme alla dottoressa Monica Forghieri, la pubblicazione del testo *Psicosofia Sinergetica: un ponte tra psicologia e spiritualità*.

Sono inoltre Psicologo di Segnale dieta GIFT, e ho scritto, insieme al dottor Luca Speciani, il testo *Psicologia di Segnale. L'incontro tra Medicina di Segnale e psicoterapia*.

Da una precedente esperienza come firmatario del cosiddetto *ComunicatoPsi*, nonché membro del Gruppo Psicologia della Fondazione per la Salutogenesi Onlus, è invece nato il mio primo libro: *Umanità sotto scacco. Riflessioni filosofiche, psicologiche e scientifiche per affrontare lo stato di emergenza*.

Sono inoltre autore di numerosi articoli, sia scientifici, pubblicati sulla rivista *Il Minotauro*, che divulgativi, apparsi sia online che sulla rivista *L'Altra Medicina*.

Alcuni dei miei scritti sono riprodotti sul mio sito professionale, https://psicologotangocci.it/, e lì liberamente consultabili. Chi invece desidera contattarmi può farlo al mio indirizzo di posta elettronica: psicologotangocci@gmail.com.

NOTA AL TESTO

Mi sono proposto di scrivere un testo scorrevole che fosse anche di piacevole lettura. Spero di esserci riuscito. Nel farlo ho però dovuto rinunciare a citare con rigore le fonti di ogni mia affermazione, come di abitudine avevo invece prima d'ora sempre fatto. Si sa, tutto ha un prezzo. Mi auguro che sia valsa la pena, per non appesantire il testo, di scendere a questo compromesso.

Il lettore non deve tuttavia presumere che la mancanza di citazioni delle fonti significhi che io non le abbia sempre seguite scrupolosamente.

Delle poche frasi che ho citato letteralmente nel corso del testo ho comunque riportato il titolo dell'opera. Chi volesse verifica dell'edizione e della pagina esatta da cui le ho tratte può contattarmi per chiedere i riferimenti. Sarà mia cura e piacere inviarglieli.

Gli etimi e le definizioni delle parole, che sono il cuore stesso di questo lavoro, sono invece stati tratti dai seguenti dizionari (in ordine di importanza che per me hanno avuto in questo lavoro):

DELI – Dizionario etimologico della lingua italiana, di Manlio Cortellazzo e Paolo Zolli, Zanichelli.

Avviamento alla etimologia italiana – Dizionario etimologico, di Giacomo Devoto, Le Monnier.

Il Nuovo De Mauro – Dizionario etimologico, di Tullio De Mauro, Marco Mancini, Garzanti.

Vocabolario Treccani online.

GDLI – Grande Dizionario della Lingua Italiana, di Salvatore Battaglia, UTET

LE PAROLE E LA PSICOLOGIA

Dizionario etimologico comparato delle lingue classiche indoeropee, di Franco Rendich, L'Indoeuropea Editrice.

Ogni parola che questo testo presenta è stata da me controllata in tutti i dizionari che ho riportato. Nei casi in cui i loro autori non concordano sull'origine dei lemmi, o sulla grafia degli etimi, in particolare la loro accentazione, ho optato per l'opzione che mi è sembrata più convincente. Ricordo tuttavia che non ho una formazione classica, né pertanto le competenze per dirimere questioni sulle quali gli stessi linguisti sembrano non trovare accordo. Potrei quindi aver dato rilievo a una versione meno corretta. Ci tengo tuttavia a specificare che in ogni caso la parte linguistica non è farina del mio sacco e che sempre mi sono attenuto scrupolosamente alla versione di almeno uno dei dizionari citati.

Mia è invece la responsabilità, e il merito, per tutte le riflessioni che sono derivate dal conoscere le origini delle parole.

TUTTE LE PAROLE

Indice alfabetico

perdonare	74	romantico	63	sostenibilità	67
perfetto	20	romanzo	63	spirito	50
pericolo	27	sapere	24	spirituale	53
persona	23	sapore	24	spontaneità	87
personalità	23	saturnino	48	sposa	32
plutonico	49	sbaglio	74	stile	62
pneuma	50	scientifico	68	stimolante	59
poesia	63	scopare	35	struttura	11
prāṇa	50	sedurre	81	svago	6
principe	85	semplice	37	tabacco	59
principio	85	senso	13	tanatodelico	60
privato	89	sentimento	13	tenebre	45
problema	37	sereno	40	terreno	49
proiezione	21	sesso	33	thelema	81
prosa	63	signore	3	tradire	95
psiche	50	sillogismo	45	tradurre	95
psichedelico	60	simbolo	19	tranquillo	40
Psicosofia	90	sincero	89	trombare	34
raccontare	62	sincretismo	57	umile	49
ragazzo	3	Sinergetica	90	uomo	49
ragione	15	sinergia	91	uranico	48
rassegnarsi	10	sintesi	99	valore	86
realizzare	11	slogan	66	venereo	48
realtà	82	soddisfazione	40	visualizzazione	80
religione	52	soggetto	98	Voodoo	83
resilienza	68	sogno	20	wei wu wei	76
resistenza	69	solare	48	yoga	53
respiro	50	sostanza	58	zelo	73

1° edizione – giugno 2023